Peter Claus Hartmann

Kleine Mainzer Stadtgeschichte

Verlag Friedrich Pustet
Regensburg

Umschlagmotiv:
Blick auf Mainz von der Mainmündung aus. –
Gemälde von Philipp Jakob Wagner,
um 1850 (Privatbesitz)

Für Beate

Bibliografische Information der Deutschen Bibliothek
Die Deutsche Bibliothek verzeichnet diese Publikation
in der Deutschen Nationalbibliografie; detaillierte bibliografische
Angaben sind im Internet über http://dnb.ddb.de abrufbar.

2. korrigierte und aktualisierte Auflage 2011

ISBN 978-3-7917-2310-5
© 2005 by Verlag Friedrich Pustet, Regensburg
Umschlaggestaltung: Kulturdesign Anna Braungart, Tübingen
Gesamtherstellung: Friedrich Pustet, Regensburg
Printed in Germany 2011

www.verlag-pustet.de

Inhalt

Vorwort zur 2. Auflage

Mainz ist eine traditionsreiche Stadt mit einer 2000-jährigen Geschichte, eine schöne, lebendige und anregende Stadt, an deren Universität ich das Glück und die Freude hatte, als Geschichtsprofessor zu lehren. Deshalb möchte ich mit diesem kleinen Überblicksbändchen irgendwie auch meinen Dank abstatten an die Stadt, die mich, aus anderen deutschen Landen kommend, mehr als 17 Jahre beherbergt hat.

Natürlich stützt sich so eine allgemeine Darstellung von der Antike bis in die heutige Zeit nicht auf eigene Forschungen, sondern auf die der für die jeweilige Epoche ausgewiesenen Historiker der letzten zwei Jahrhunderte, besonders aber auf die Beiträge der 1998 erschienenen Gesamtdarstellung „Mainz. Die Geschichte der Stadt" und die entsprechenden Monographien von L. Falck, A. Ph. Brück, E. Darapsky, F. Dumont, F. Schütz u. a. Außerdem konnte ich Arbeiten, die von meinen Schülerinnen und Schülern verfasst wurden, z. B. von B. Blisch, M. Engels, E. Heinz, G. Klosterberg, M. Kugler, Chr. Ohler, zur Mainzer Geschichte heranziehen. So handelt es sich bei der vorliegenden Darstellung um eine kurze Synthese all dieser Werke, geschrieben für einen breiten Leserkreis in der Städtegeschichtsreihe des Friedrich Pustet Verlages, illustriert durch zahlreiche Abbildungen.

Mein Dank gilt denjenigen, die Bilder zur Verfügung stellten und mir Hilfestellung leisteten, nicht zuletzt meinen wissenschaftlichen Hilfskräften M. Gabel und S. Richter, sowie dem Verlag für die gute Zusammenarbeit.

Erfreulicherweise hat sich die „Kleine Mainzer Stadtgeschichte" so gut verkauft, dass der Verlag nun eine zweite aktualisierte Auflage herausbringt. Vielen Dank!

Herbst 2010   Peter C. Hartmann

Mainz im Römischen Reich

Vorgeschichte

Angesichts seiner günstigen Lage im Rheintal mit relativ mildem Klima, fruchtbaren Böden und am Knotenpunkt wichtiger Verkehrswege zählte der Mainzer Raum zu den seit sehr frühen Zeiten besiedelten Gebieten in Mitteleuropa. Ausgrabungsfunde beweisen nämlich, dass es im heutigen Stadtgebiet von Mainz schon seit der Altsteinzeit, d. h. seit etwa 23 000 vor Christus, Siedlungen gab. Dies galt auch für die Jungsteinzeit (5000–2200 v. Chr.), die Bronzezeit (ca. 2200–750 v. Chr.), die Hallstattzeit (ca. 750– ca. 450 v. Chr.) und die Latènezeit (jüngere Eisenzeit, etwa 450–15 v. Chr.), als Kelten in diesem Raum lebten. In den Museen finden sich deshalb zahlreiche Zeugen dieser fernen, frühen Zeiten, wie z. B. eine altsteinzeitliche fragmentarische Frauenstatuette, zwei endjungsteinzeitliche Streitäxte, eine besonders schmuckvolle bronzezeitliche Doppelradnadel oder Schmuckgegenstände eines Frauengrabes aus der älteren Latènezeit, alle zu besichtigen im Mainzer Landesmuseum. Kurz vor Christi Geburt kamen dann die Römer, um bald ein Lager für zwei Legionen zu errichten. Sie bauten schon in den Jahren 4 bis 9 nach Christus einen Brückenkopf über den Rhein nach Kastel.

Steinerne Zeugen des römischen Mogontiacum

Reisende mit der Bahn kommen am Bahnhof „Römisches Theater" an den eindrucksvollen Resten eines römischen Bühnentheaters vorbei, ohne ahnen zu können, welche Ausmaße diese steinernen Zeugen einer großen Vergangenheit im römischen *Mogontiacum* (lateinischer Name von Mainz) einst aufgewiesen hatten. Als man nämlich 1884 einen Teil dieser Überreste fand, wurden sie wegen des Gleisbaus abgetragen und trotz wissenschaftlicher Aufbereitung gerieten sie weitgehend in Vergessenheit. Erst seit April 1999 begann man wieder, die noch vorhandenen Reste auszugraben. Immerhin handelte es sich um das umfangreichste römische Bühnentheater nördlich der Alpen mit einem Durchmesser des Zuschauerraums von etwa 116 m und einer Bühnenbreite von ca. 42 m. Es war sogar noch größer als die bekannten südfranzösischen Theater in Orange und Arles.

Dieser Mainzer Bau bildete wahrscheinlich den geheiligten Ort, an dem die Repräsentanten Galliens, zu dem *Mogontiacum* ursprünglich gehörte, bis ins 3. Jahrhundert n. Chr. jedes Jahr eine große Gedenkfeier für den damals besonders verehrten römischen Feldherrn Drusus d. Ä. abhielten. Der von Kaiser Augustus sehr geschätzte Heerführer, der vier Feldzüge in Germanien führte und das Gebiet vom Rhein bis zur Elbe dem Imperium der Römer unterwarf, war im Jahre 9 v. Chr. beim Rückweg zum Rhein vom Pferd gefallen, hatte sich den Schenkel gebrochen und starb an den Folgen mit erst 29 Jahren. Deshalb bauten ihm seine Truppen damals in Mainz ein Ehrengrabmal und Denkmal (Drususstein), während seine sterblichen Reste im Mausoleum des Kaisers in Rom beigesetzt wurden.

Weitere wichtige Hinweise auf die große römische Vergangenheit von Mainz befinden sich in erheblicher Zahl im Römisch-Germanischen Zentralmuseum, einer der wichtigsten Sammlungs-, Dokumentations- und Forschungsstätten römischer Geschichte in Deutschland. Dort kann man neben vielen Aspekten der antiken Kulturgeschichte die Ausstellung im Museum für Antike Schifffahrt besichtigen und rekonstruierte römische Kriegsschiffe, die man teilweise in Mainz fand, oder den Rest zweier ebenfalls in dieser Stadt entdeckten Schwerlastschiffe bewundern. So erhält man einen guten Einblick in das Leben, Wirken und die Organisation der römischen Rheinflotte.

Führen uns diese Exponate bereits die große Bedeutung des römischen Legionslagers und der Zivilsiedlung vor Augen, so treffen die Mainzer und die Mainzbesucher in Zahlbach auf weitere steinerne Quellen, auf die so genannten „Römer-

„Römersteine". Überreste der Pfeiler einer römischen Wasserleitung
(letzte Jahrzehnte des ersten Jahrhunderts n. Chr.)

steine", die Überreste einer in der Regierungszeit Kaiser Domi-
tians in den letzten Jahrzehnten des 1. Jahrhunderts errichteten 9 km langen Wasserleitung mit Pfeilern, die teilweise mehr
als 30 m hoch waren, vergleichbar mit dem Aquädukt Pont du
Gard in Südfrankreich. In Mainz wurde das Wasser von den
Quellen in Finthen (Fontes) und Drais bis zum Legionslager
auf dem heutigen Kästrich und Römerwall geleitet. Diese fortschrittliche Wasserleitung versorgte vor allem die (mit Hilfs-
truppen) zeitweise 30 000 Legionäre, die mit Tross gar auf bis
zu 50 000 Mann anwachsen konnten. Dazu kam noch die
Zivilbevölkerung. Erst im 19. Jahrhundert erreichte Mainz
wieder diese hohen Einwohnerzahlen der Römerzeit.

Wichtiges Legionslager und Verwaltungszentrum

13/12 v. Chr. wurde Mainz zunächst Standort von zwei Legionen, dann nach 85 n. Chr. Verwaltungssitz der neu geschaffenen römischen Provinz *Germania Superior*. Neben den zahl-

Grabstein des Kaiserlichen Gardereiters Flavius Proclus, spätes 1. Jahrhundert n. Chr. – Mainz, Landesmuseum

reichen Soldaten, die aus allen Teilen des Reiches stammten, lebten in der Zivilsiedlung vor allem Menschen keltischer, germanischer und römischer Abstammung.

Die Römer blieben immerhin etwa 500 Jahre in Mainz, einem nachhaltig bedeutenden Verwaltungszentrum des Imperiums. Deshalb wirkten dort jeweils für einige Zeit wichtige Persönlichkeiten als Statthalter, wie etwa 96 bis 98 n. Chr. der spätere Kaiser Trajan, die kurzzeitigen Kaiser Sulpicius (39–41/42 n. Chr.) und Julian (193 n. Chr.) oder der spätere Kaiser Hadrian (117–138 n. Chr.). Im Jahre 39 n. Chr. kam außerdem Kaiser Caligula nach Mainz, um dort in einer für ihn auf Grund der politischen Konstellation gefährlichen Lage Gericht zu halten.

Man muss sich in der wichtigen Militärlager- und Verwaltungsstadt ein buntes, von Soldaten, Handwerkern und Händlern geprägtes Leben mit lärmenden Märkten, einem wichtigen Rheinhafen und einer festen Holzbrücke über den Rhein nach Kastel vorstellen, wo in Tempeln die verschiedensten antiken Götter verehrt wurden. Seit der Mitte des 3. Jahrhunderts hatte man auch eine große Stadtmauer gebaut.

Bedrohung durch Germanenstämme

In diesen Zeiten gestaltete sich nämlich das Leben der Stadt unsicher, da verschiedene Germanenstämme Mainz bedrohten. Dies galt besonders, als 259/60 das rechtsrheinische Limesgebiet verloren gegangen war und *Mogontiacum* nun direkt an der Grenze des Römischen Reiches lag. Kaiser Aurelian (270–275 n. Chr.) konnte noch die ins Land einfallenden Franken bezwingen. Schlimm war es dann im Jahre 356 n. Chr., als alamannische Heerhaufen in Mainz eindrangen, um dort zu rauben und zu plündern. Immerhin konnte der spätere Kaiser Julian die Alamannen 357 n. Chr. in einer Schlacht bei Straßburg besiegen und zum Frieden zwingen. Als letzter römischer Kaiser überquerte Valentinian I. im Jahr 368 den Rhein, nachdem Alamannen erneut in Mainz eingedrungen waren, geplündert und viele Menschen entführt hatten. Schließlich gelang es Valentinian I. im Jahr 374, mit dem Alamannenkönig Macrianus einen Freundschaftspakt zu schließen, der den Bewohnern der Stadt wieder für einige Zeit Ruhe verschaffte. Aber es war nur eine Ruhe vor dem Sturm, da in den Jahren 406 und 407 Germanenhorden, d. h. Vandalen, Sueben und Alanen über den Rhein nach Mainz kamen und die Stadt weitgehend zerstörten. Der Kirchenvater und Historiker der Zeit, der hl. Hieronymus (ca. 345–420 n. Chr.), schrieb damals: „Mainz, einst eine hochberühmte Stadt, wurde erobert und liegt zerstört, viele Tausende wurden in einer Kirche hingeschlachtet" (nach G. Ziethen).

Christliche und städtebauliche Kontinuität

Die Quelle zeigt auch, dass Mainz zu den wenigen deutschen Städten zählte, die schon in der Antike Sitz eines Bischofs waren und deshalb eine Kontinuität christlichen Lebens von der römischen Epoche bis ins Mittelalter hinein aufweisen. Als erster Name eines Mainzer Bischofs ist für das Jahr 343 ein Marinus oder Martinus überliefert. Ausgehend von diesem Marinus wurde eine Liste von Bischöfen zusammengestellt mit vielen Unbekannten. Meist weiß man nicht viel mehr als den Namen der Kirchenmänner. Vier sind überliefert, wahrscheinlich waren es aber mehr.

Nach 406 existierte jedoch das römische Mainz trotz Zerstörung in eingeschränkter Form bis ca. 456 n. Chr. weiter mit einer Verwaltung und als Sitz römischer Truppen. Aus den Resten der spätantiken Stadt entwickelte sich allmählich eine wichtige Siedlung des frühen Mittelalters. Allerdings fehlen für die Übergangszeit bis Ende des 5. Jahrhunderts weitgehend die Quellen, so dass die Geschichte von Mainz für die Jahrzehnte bis 496 größtenteils im Dunkeln liegt.

Im frühen und hohen Mittelalter

Ein Mittelpunkt des Merowingerreiches

Als sich der 482 bis 511 regierende Frankenkönig Chlodwig von Remigius taufen ließ und somit im Gegensatz zu den meisten Germanenstämmen, die Arianer waren, den katholischen Glauben annahm, war eine wichtige historische Weichenstellung erfolgt. Der Umstand, dass die Franken die gleiche Konfession wie die gallo-römische Bevölkerung hatten, begünstigte im Frankenreich die Verschmelzung der ethnischen Gruppen. Bis spätestens im Jahr 507 wurde Mainz dem sich laufend vergrößernden Frankenreich einverleibt. Durch die Angliederung Thüringens 534 erhielt die frühere Grenzstadt eine zentrale Lage in einem Gebiet, in das Menschen aus verschiedenen Regionen strömten. Mainz scheint damals noch von Rheinbrücke, Stadtmauern, Gebäuden und Kirchen aus der Römerzeit geprägt gewesen zu sein, etwa der aus der ersten Hälfte des 5. Jahrhunderts stammenden fast 30 Meter langen St. Albanskirche. Im 6. Jahrhundert und darüber hinaus entwickelte sich die Stadt „zu einer Siedlungs-Agglomeration, deren Kern vorerst noch stark in der römischen Tradition stand, während die germanischen Neusiedler sich vornehmlich in einem Dörfergürtel um die Stadt niederließen" (Schaab).

Als wichtige Elemente christlicher Kontinuität gelten neben dem Fortleben von lokalen Heiligenkulten die Reihe der überlieferten Namen der Bischöfe der fränkischen Stadt. Hier kennt man für die Zeit vor dem Auftreten des hl. Bonifatius immerhin zehn, angefangen von Sidonius über Ruthard, Rigibert bis zu Gewiliob. Der erste fränkische Bischof Sidonius, der vom Dichter Venantius Fortunatus als vorbildlicher Gastgeber, Kirchenmann und Bauherr gepriesen wurde, hat verschiedene kirchliche Bauten errichtet, die Volksfrömmigkeit gepflegt, die Armenfürsorge ausgebaut und die Wirtschaft gefördert.

Mainz, das eine Münzstätte beherbergte, galt als wichtige Stadt des Großfrankenreiches und wurde deshalb von Merowingerkönigen wie Dagobert I. (605/10–639) besucht. Außerdem war die Stadt und ihre Umgebung ein geistliches Zentrum mit benediktinisch-columbanisch geprägten Klöstern.

Wichtiges Zentrum in der Zeit der Karolinger und Ottonen

Auch im Reich der Karolinger, von der zweiten Hälfte des 8. Jahrhunderts bis 918, blieb Mainz eine bedeutende Stadt. Am Anfang dieser Epoche stand die für ganz Deutschland so wichtige Persönlichkeit des hl. Bonifatius, der noch heute als Apostel der Deutschen bezeichnet wird. Dieser Angelsachse, vom Papst zum Bischof geweiht, zum Erzbischof ernannt, seit 737/38 als päpstlicher Legat mit der Organisation der deutschen Kirche betraut und nach der Absetzung von Gewiliob (744) im Jahr 747 dessen Nachfolger, gründete das wichtige Kloster Fulda. Als Bauherr trat sein Nachnachfolger Erzbischof Richulf hervor, der eine neue, 50 Meter lange Basilika, St. Alban, errichtete, die als Grabstätte der Gemahlin Karls des Großen und vieler Mainzer Erzbischöfe diente. Unter Karl dem Großen wurde Mainz zum zentralen Ort für weltliche Versammlungen und kirchliche Synoden. Diese Funktion der Stadt wurde besonders durch den Bau der Pfalz (kaiserliches Palais) Ingelheim in der Nähe von Mainz gefördert. Als Sitz eines Erzbischofs erreichte Mainz immer mehr die Stellung der wichtigsten Metropole des Reiches. Von überragender, überregionaler Bedeutung war damals vor allem der 780 in Mainz geborene Mönch, Theologe, Dichter, Gelehrte und Abt von Fulda, Hrabanus Maurus, der 847 auf Betreiben Kaiser Ludwigs des Deutschen Erzbischof von Mainz wurde.

Hrabanus Maurus

Hrabanus kam schon als Kind in die Abtei Fulda, wo er unterrichtet und im Jahr 801 zum Diakon geweiht wurde. Hierauf schickte ihn Abt Ratgar nach Tours zur weiteren Ausbildung zu Alkuin, der ihn stark prägte. Nach Lehrtätigkeit in Fulda erhielt

Hrabanus 814 die Priesterweihe und wurde 822 zum Abt dieses großen Benediktinerklosters gewählt. In dieser leitenden Funktion konnte er in seiner Abtei das geistliche Leben tatkräftig fördern, die dortige Bibliothek zu einer der wichtigsten des ostfränkischen Reiches ausbauen und die Schule schaffen, die sich zu einem Bildungszentrum erster Ordnung entwickelte. Nachdem er 845 auf die Abtwürde verzichtet und sich auf den Petersberg bei Fulda intensiv geistlichen Übungen und der Wissenschaft gewidmet hatte, berief ihn König Ludwig der Deutsche 847 zum Erzbischof von Mainz. Dieses Amt übte er mit großem Eifer aus, hielt drei wichtige Synoden ab und verfasste eine große Zahl vor allem theologischer Schriften. Er galt als der angesehenste Theologe und Gelehrte der Zeit im ostfränkischen Reich, übte einen großen Einfluss auf die damalige Literatur aus und wird als herausragender Repräsentant der Karolingischen Renaissance geschätzt.

Trotz der Bedrohung weiter Teile des Reiches durch Normannen im Nordwesten und später durch Ungarn im Südosten blieb das durch Mauerbauten geschützte Mainz von Zerstörungen verschont und konnte vor allem unter Erzbischof Hatto I. (891–913) einen Aufschwung verzeichnen. So war die Stadt in der Karolingerzeit nicht nur ein Zentrum der Literatur (Lullus, Hrabanus Maurus, Luitolf u. a.), sondern auch ein Handels- und Verkehrszentrum mit Hafen und Zollstation, in dem christliche und jüdische Kaufleute ihre Geschäfte tätigten. Daneben lebten in der Stadt am Rhein viele Kleriker sowie Mittel- und Unterschichten mit ihren Familien, die dort arbeiteten.

In der Zeit der Ottonen (919–1024) hielten sich die Könige und Kaiser hier und da in Mainz auf und nahmen vor allem Einfluss auf die jeweilige Wahl des dortigen Erzbischofs. Für die Machtstellung des Reichsoberhaupts blieb es nämlich von großer Bedeutung, diese wichtige Metropole des Reiches unter seiner Herrschaft zu behalten. Ihm lag auch viel am Schutz der wichtigen Mainzer Judengemeinde, die von bedeutenden, überregional angesehenen Rabbinern geleitet wurde.

Das kirchliche Leben intensivierte sich vor allem durch

die Gründung des Kollegiatstiftes (Alt-)St. Peter vor den Mauern der Stadt durch Erzbischof Friedrich (937–954). In der Zeit Kurfürst Johann Philipps von Schönborn wurde es jedoch im Zuge der Festungsarbeiten 1658 abgerissen und auf den heutigen Platz der Peterskirche verlegt. Außerdem gründete der Kanoniker Theoderich in der zweiten Hälfte des 10. Jahrhunderts das St. Gangolf-Stift, dessen Kirche im späten 16. Jahrhundert zur schmuckvollen Schlosskapelle der kurfürstlichen Residenz umgebaut wurde, aber Anfang des 19. Jahrhunderts den Straßenbaumaßnahmen Napoleons I. weichen musste.

Erzbischof Willigis (975–1011), bedeutendster Metropolit in Deutschland

Eine Lichtgestalt mainzischer Geschichte war Erzbischof Willigis (975–1011), der wie ein Asket oder Mönch lebte, sich um die Bedürftigen seiner Stadt kümmerte und sogar jeweils vor seinem Essen persönlich dreizehn Arme bewirtete, gleichzeitig aber im Reich eine große politische Rolle spielte. In seiner vom Papst verliehenen Urkunde für das Pallium (Zeichen erzbischöflicher Würde) bezeichnete das Kirchenoberhaupt den Erzbischof als seinen Stellvertreter „im Reich nördlich der Alpen". Willigis ließ seine Metropole umbauen und ausgestalten. Dazu gehörte ein eindrucksvoller Neubau eines großen Domes unter teilweiser Einbeziehung der „spätantik-merowingischen Kathedralgruppe". Als Ausdruck des hohen Anspruchs der Mainzer Kathedrale adaptierte man beim Domneubau die Anlage von Alt-St. Peter in Rom. Man kann sich ein Bild von diesem mächtigen ottonischen Kirchenbau mit Kreuzgang, Empfangskirche, Säulengängen und -höfen und Nebenkirchen aufgrund eines Modells machen, das sich im Dom- und Diözesanmuseum befindet. Immerhin arbeitete man 34 Jahre an dieser Domanlage. Aus dieser Zeit stammen noch die sehr bekannten Bronzetüren des Erzbischofs Willigis, die ursprünglich an der Vorkirche angebracht waren und bei deren Abbruch Anfang des 19. Jahrhunderts am Marktportal

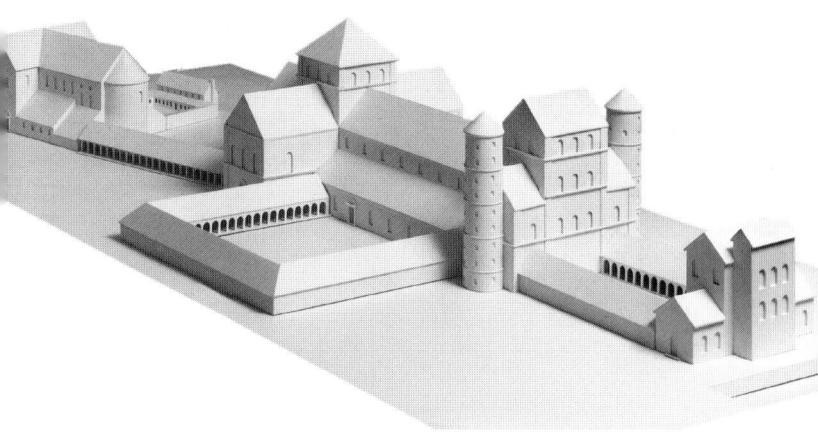

Modell des Domes von Willigis mit vorgelagerter Liebfrauenkirche
(um 1000) – Mainz, Bischöfliches Dom- und Diözesanmuseum

des St. Martindoms eingebaut wurden. Erzbischof Willigis, ein
Verehrer des hl. Stephanus, gründete auch auf dem damals
höchsten Punkt der Stadt das St. Stephansstift. Dessen Kirche,
992 geweiht und Grablege von Willigis, war der Vorgängerbau
der im Wesentlichen gotisch geprägten heutigen St. Stephanskirche, die durch ihre Chagall-Fenster berühmt ist. Schließlich ließ der Erzbischof auch noch im Osten vor der Stadt in
der Nähe von Weisenau das Stift St. Viktor errichten. So prä-
sentierte sich Mainz am Ende des 10. Jahrhunderts als eine
mächtige und prächtige Stadt mit vielen Türmen und großen
Kirchen innerhalb und außerhalb der Mauern, mit blühendem
Handel und Gewerbe. Gleichzeitig entfalteten sich in ihr und
im Erzbistum Dichtung, Literatur und Kunst.

Willigis galt in Deutschland als wichtigster Metropolit
und sein Erzbistum als das bedeutendste des Reiches. Diese
herausragende Stellung konnten auch seine Nachfolger, angefangen von Erkenbald (1011–1021) bis Siegfried I. (1060–1084)
im Wesentlichen bewahren. Das Recht, den König zu krönen,
das Erzbischof Aribo (1021–1031) 1024 in Mainz bei Konrad II. ausübte, konnten sie allerdings nicht erhalten. Vielmehr ging es wieder an den Kölner Erzbischof verloren, zu

dessen Kirchenprovinz die traditionelle Krönungskirche in Aachen gehörte. Immerhin behielt der Mainzer das Recht, bei der Königswahl als Erster seine Stimme abzugeben, und außerdem die Funktion eines Erzkanzlers für Deutschland. Gleichzeitig blieb Mainz ein ganz wesentliches geistliches Zentrum des Reiches. Unter dem frommen Erzbischof Bardo (1031–1051) wurde nicht nur der 1009 abgebrannte Dom bis 1036 wieder aufgebaut, sondern auch im Jahr 1049 eine besonders bedeutende Synode abgehalten, von der die wichtigsten Impulse für die damals begonnene Kirchenreform im Norden der Alpen ausgingen. Damals nahmen sowohl König/Kaiser Heinrich III. (1039/46–1056) wie auch Papst Leo IX. (1049–1054) persönlich an der Versammlung in Mainz teil.

Marktportal des Domes mit den im 19. Jahrhundert eingebauten Bronzetüren aus der Zeit des Erzbischofs Willigis

Ausbau der erzbischöflichen Stadtherrschaft –
Mainz Aufenthaltsort der Kaiser

Ab dem 9. und 10. Jahrhundert gelang es den Erzbischöfen immer mehr Rechte an sich zu ziehen, um die Stadtherrschaft auszubauen, wobei es noch bis weit ins 13. Jahrhundert hinein Schwierigkeiten und Rivalitäten mit den Vögten und Burggrafen der Stadt gab. Die Erzbischöfe konnten sich allerdings immer mehr durchsetzen und ihre Stadtherrschaft festigen. Im 11. Jahrhundert entstanden gleichzeitig neue Klöster und Stifte, und zwar das Kloster St. Jakob und die weniger vermögenden Stifte St. Martin im Feld bei Hechtsheim, St. Johann Baptist am Leichhof und Mariengreden oder Liebfrauen in der Verlängerung des Ostchores des Doms.

Im 11. Jahrhundert fungierte Mainz auch nach Willigis weiterhin als ein wichtiges Bildungszentrum mit Domschule, Schreibschule und Kunstförderung sowie außerdem als ein bedeutender Wirtschafts- und Handelsplatz mit überregionaler Münzstätte, wo der Mainzer Pfennig geprägt wurde.

Im Auf und Ab der Geschichte der folgenden mehr als 150 Jahre blieb Mainz trotz mancher Rückschläge großenteils eine zentrale Metropole des Reiches. Dies galt zunächst für den Investiturstreit, d. h. den Streit des geistlichen und weltlichen Oberhauptes der westlichen Christenheit, der damals das Abendland in seinen Grundfesten erschütterte. Mainz war in dieser Zeit ein beliebter Aufenthaltsort Kaiser Heinrichs IV. Der damalige Mainzer Erzbischof Siegfried I. (1060 bis 1084), zunächst Parteigänger König Heinrichs IV., hielt noch zu ihm auf dem Fürstentag, der am 29. Juni 1076 in Mainz stattfand, trat aber dann schon Ende dieses Jahres auf die päpstliche Seite über. Trotz Heinrichs Bußgangs nach Canossa wurde der Schwabenherzog Rudolf von Rheinfelden von der Fürstenopposition zum Gegenkönig gewählt und am 26. März 1077, am Sonntag Laetare, von Erzbischof Siegfried im Mainzer Dom gekrönt.

Doch nach wie vor stand Mainz neben anderen Rheinstädten treu zu Heinrich, der sich immer wieder dort aufhielt. Allerdings konnte das Reichsoberhaupt, in Italien festgehalten, die infolge des Kreuzzugsaufrufs in Mainz ausbrechenden Judenpogrome im Jahr 1096 nicht verhindern, nur nachträglich die Folgen lindern. Am 6. Januar 1103 hielt der Kaiser in der Stadt am Rhein einen Reichstag ab und erließ ein erstes kaiserliches Reichslandfriedensgesetz. Außerdem betrieb er den Wiederaufbau des 1081 abgebrannten Doms. Nach der Empörung König Heinrichs V. gegen seinen Vater war Mainz 1105/1106 Schauplatz der Absetzung Heinrichs IV. und der Krönung des Sohnes im Dom, am 7. Januar 1114 auch der festlichen Hochzeit Kaisers Heinrichs V. mit Mathilde von England.

Später brach jedoch eine Revolte der Mainzer gegen Heinrich V. aus, da der Kaiser den ihm abtrünnigen Erzbischof Adalbert I. (1109/11–1137) gefangen gesetzt hatte. Im Laufe der nun ausbrechenden Kämpfe wurde Mainz erobert, geplündert, zurückerobert und es kam zu Zerstörungen und blutigen Verlusten, bis durch das Wormser Konkordat vom 23. Sep-

St. Gotthard-Kapelle, 1137 geweiht, Rest der erzbischöflichen Pfalz

tember 1122 endlich Friede geschlossen und der Investiturstreit zwischen Papst und Kaiser beendet wurde.

In den nun folgenden Jahrzehnten konnte der Mainzer
Erzbischof seine Herrschaft in der Stadt und im Erzstift ausbauen. Gleichzeitig begann sich allmählich eine politische
Stadtgemeinde zu bilden. Dazu trug das 1119/22 vom Erzbischof verliehene Privileg bei, das der Stadt Freiheitsbefugnisse
gewährte, ohne dass der Erzbischof allerdings auf seine
entscheidenden stadtherrlichen Rechte verzichtet hätte. Eine
Woche nach dem Tod Erzbischof Adalberts I. am 23. Juni 1137
weihte man seine zweistöckige Pfalzkapelle St. Gotthard ein.
Diese heute noch stehende, an der Marktseite an den Dom
angebaute Kapelle bildet den übrig gebliebenen Rest der früheren erzbischöflichen Pfalz.

Mainz war gegen 1150 eine „große und mächtige Stadt",
so schreibt der damalige Bischof und Geschichtsschreiber
Otto von Freising. Sie sei „in der Nähe des Rheines von feinen
Gotteshäusern und weltlichen Bauwerken bedeckt."

Bischofsmord

Als Kaiser Friedrich Barbarossa (1152–1190) Erzbischof Heinrich I. (1142–1153) absetzen und ohne Rücksicht auf die Stimmung in Mainz seinen Kanzler Arnold von Selenhofen (1153–
1160) zum Mainzer Erzbischof machte, von diesem hohe Gel-
der verlangte, welche dieser wieder durch Steuererhöhungen
aufzubringen versuchte, kam es zum Aufstand und Arnold
wurde am 23. Juni 1160 erschlagen. Da ein Bischofsmord
als ganz schlimmes Sakrileg galt, verhängte eine deutsche
Bischofssynode am 25. Juli 1160 über die Mainzer die Exkommunikation. 1161 folgten der päpstliche Bann und im April
1163 das kaiserliche Strafgericht. Als dort Mainz alte Rechte,
Freiheiten und Privilegien als bischöfliche Stadt verlor und der
Kaiser die Stadtmauern abtragen ließ, erhielt das Unabhän-
gigkeitsstreben der Stadt einen empfindlichen Rückschlag.
Gleichzeitig wurde auch das Erzstift stark geschwächt, da der
Barbarossagegner Erzbischof Konrad I. von Wittelsbach fliehen musste und sich der vom Kaiser erhobene Erzbischof
Christian von Buch (1165–1183) wenig um sein Erzstift kümmerte, als benachbarte Fürsten, Herren und Ministerialen und
der Kaiser selbst mainzischen Besitz an sich rissen.

Zentralort des Reiches

Erst als Konrad von Wittelsbach, 1165 Kardinal und 1177 Erzbischof von Salzburg geworden, nach Mainz zurückkehrte, konnte dieser in seinem zweiten Pontifikat (1183–1200) die Situation des Erzstiftes wieder in Ordnung bringen und die Stadtmauer neu errichten. In dieser Zeit war die Stadt wieder ein wichtiger Zentralort des Reiches, in die Kaiser Heinrich VI. (1191–1197) mehrere Reichstage einberief. Hier wurde z. B. am 4. Februar 1194 in Anwesenheit prominenter Adeliger der englische König Richard Löwenherz freigelassen. Mainz, immer noch ein bedeutendes Handels- und Wirtschaftszentrum, wurde zunehmend durch die Konkurrenz des benachbarten Frankfurt bedrängt.

Trotzdem entwickelte sich Mainz so gut weiter, dass der Erzbischof dort mehr und mehr Einfluss verlor. Die Stadt blieb jedoch für das Reichsgeschehen wichtig. Das zeigte sich auch im staufisch-welfischen Thronstreit, in dessen Verlauf es zu einer Erzbischof-Doppelwahl und somit zum Schisma kam. Dem staufischen Erzbischof Lupold von Schönfeld stand der welfenfreundliche Siegfried von Eppstein gegenüber. Während der Welfe Otto IV. das Weihnachtsfest des Jahres 1200 in großem Triumph in Mainz mit Siegfried von Eppstein feiern konnte, gewannen die Staufer und mit ihnen Erzbischof Lupold an Macht, so dass Siegfried Mainz verlassen musste. Erst als König Philipp ermordet worden war und Lupold verzichtet hatte, nahm Siegfried für die Zeit von 1208 bis 1230 die Stadt Mainz und das Erzstift in Besitz. Nach seinem Bruch mit Otto IV., der zum Gegner des Papstes geworden war, krönte Erzbischof Siegfried II. von Mainz den vom Papst protegierten jungen Staufer Friedrich II. am 9. Dezember 1212 im Dom zu Mainz zum König.

In dieser Zeit baute man die Stadtmauern aus, wobei die Bürgerschaft eine entscheidende Rolle spielte. Angesichts des Wirtschaftswachstums und der überall im Reich an Bedeutung zunehmenden Städte nahm damals auch der Trend zur Selbstverwaltung in Mainz zu. Als Friedrich II. 1235 zum Reichstag nach Mainz kam und den Reichslandfrieden erließ, gewährte er später den Mainzer Bürgern von Augsburg aus Privilegien, welche die Stellung der Stadtgemeinde stärkten. Am 13. November 1244 erhielt die Stadt dann unter nicht geklärten Umständen von Erzbischof Siegfried III. (1230–1249) ein Stadtprivileg mit weitgehenden Zugeständnissen. In der Folgezeit konnte sich in Mainz ein Stadtrat als Selbstverwaltungskörperschaft bilden, wobei das Patriziat, d. h. die städtische Oberschicht, die Macht ausübte. So wurde Mainz „zwar nicht juristisch, aber faktisch eine ‚Freie Stadt‘", obwohl der Erzbischof auf seine weitgehend theoretischen Rechte als Landesherr nicht wirklich verzichtet hatte.

„Freie Stadt des Reiches" (1244–1462)

Die spätmittelalterliche Epoche, in der die Stadt Mainz von 1244 bis etwa 1462 de facto eine Freie Stadt des Reiches war, stellte im großen Ganzen eine Zeit der Blüte dar. Beherrscht wurde Mainz von den so genannten „Geschlechtern", die im Allgemeinen aus den bürgerlichen Großkaufleuten oder der erzbischöflichen Ämterdienstmannschaft (Ministerialität) stammten. Im Jahr 1332 konnten allerdings die Handwerkerzünfte die Teilhabe an der Stadtregierung durchsetzen und damit die Macht der „Geschlechter" oder Patrizier einschränken. Die Namen dieser Familien der damaligen Mainzer Oberschicht waren meist die ihrer Höfe in der Stadt, etwa die „zum Jungen", „zum Rosenbaum", „zum Stein" oder „zum Turm".

Mächtige freie Stadt

In der Zeit des Machtkampfes Kaiser Friedrichs II. gegen das Papsttum und seine Gegenkönige zählten Erzbischof Siegfried III. von Eppstein (1230–1249) und mit ihm auch die Stadt Mainz zu den Gegnern der Staufer und Anhängern des Papstes. Litten Mainz und besonders das umliegende Land unter den meist mit großer Härte geführten Kämpfen, so gelang es den wehrhaften Mainzern, die Burg des staufischen Statthalters Philipp von Hohenfels in Weisenau zu zerstören, die nicht weit vor den Stadtmauern gelegen, für sie bedrohlich war. Später konnten sie auch das dortige Areal erwerben. Damals spielte Erzbischof Siegfried III. eine wichtige politische Rolle. Er hob nämlich die beiden Gegenkönige Friedrichs II., und zwar Heinrich Raspe (1246–1247) und Wilhelm von Holland (1247–1256), auf den Thron. Auf dem heute noch erhaltenen Grabmal des Erzbischofs im Dom von 1249 ist er als mächtiger, wesentlich größerer Kirchenfürst dargestellt, der den kleinen Königen „als seinen Geschöpfen" die Krone aufsetzt.

Immerhin zog sich einerseits König Wilhelm während seiner Kämpfe gegen die Stauferpartei 1250 hinter die Mauern der Stadt Mainz zurück und verlieh dieser am 5. August des gleichen Jahres besondere Privilegien (Freiheit vor Reichszöllen, Verbot des Wiederaufbaus der Burg Weisenau und anderer Befestigungen im Umkreis der Stadt). Andererseits begab sich der Staufer Konrad IV. (1250–1254) von Oppenheim kommend vor die Tore von Mainz, um das Umland zu verwüsten, unterließ es aber, die gut befestigte Stadt zu belagern.

Mainz, damals wirtschaftlich und militärisch mächtig, begründete nach den chaotischen Verhältnissen und Verwüstungen des staufischen Krieges ein Schutzbündnis mit der ebenfalls bedeutenden Stadt Worms, das im April bzw. Mai 1254 durch den Beitritt von Oppenheim und Bingen zu einem Vierstädtebündnis ausgeweitet und kurze Zeit später zum „Rheinischen Bund" ausgebaut wurde, mit der Aufgabe, nach der wirren Kriegszeit den allgemeinen Landfrieden zu garantieren. Vororte des schließlich über hundert Städte und auch Erzbischöfe sowie andere geistliche und weltliche Fürsten als Mitglieder zählenden Bundes waren Mainz und Worms. Diese mächtige „Selbsthilfeorganisation", deren Entstehung und Ausbau vor allem von dem Mainzer Bürger Arnold Walpod betrieben wurde, leistete Bedeutendes in den Bereichen Friedenswahrung, Regelung des Handels und der Wirtschaft sowie Schutz der Bauern. Der Bund, der spezielle Bundestagungen organisierte, unterhielt zur Durchsetzung seiner Aufgaben und Ziele eigene Kriegsschiffe auf den großen Strömen sowie Söldnertruppen.

Als es allerdings nach dem Tod König Wilhelms 1256 zu einer Doppelwahl kam und somit in der Folge zu einem Bürgerkrieg zwischen den Königen Richard von Cornwall und Alfons von Kastilien, brach der große Rheinische Städtebund auseinander. Trotzdem gründeten Mainz, Worms und Oppenheim ab 1259 neue Städtebünde, später gab es außerdem weitere Landfriedenseinungen, bei denen Erzbischof Werner (1259–1284) eine wichtige Rolle spielte. Solche Einigungen waren damals für das Heilige Römische Reich durchaus charakteristisch.

Die wohlhabenden und mächtigen Mainzer Bürger standen damals in Opposition zu ihrem Erzbischof und in dauerndem Streit mit dem Klerus der Stadt, da dieser seine vielen Privilegien (Unabhängigkeit der geistlichen Gerichtsbarkeit von der weltlichen, Abgaben- und Steuer-, Ungeld- und Zollfreiheit) unter keinen Umständen aufzugeben bereit war. Erzbischof Werner konnte jedoch den Konflikt mildern und sich mit der Stadt aussöhnen, der er allerdings am 5. Juni 1273 das Privileg von 1244 bestätigen musste. Der Erzbischof, der wichtigste der sieben Kurfürsten, welcher auch deren Wahlversammlungen leitete, konnte 1273 die diesmal einstimmige Wahl Rudolfs von Habsburg zum König organisieren. Für Mainz waren die folgenden Jahrzehnte dann eine Periode des weiteren Aufschwungs. Dies galt für die Wirtschaft und den Handel, die Bauaktivitäten, aber auch für das kirchliche, geistliche und das kulturelle Leben.

Blühendes Zentrum für Handel und Gewerbe

Obwohl die nicht allzu weit entfernte große Nachbarstadt Frankfurt am Main mit ihrer überregionalen Messe Mainz als Handelsstadt weit überholt hatte, blieb die Erzbischofsstadt ein wichtiges und blühendes Zentrum für Handel und Gewerbe. Dazu trugen die dort tätigen Großkaufleute und Unternehmer, aber auch die Rentiers und Großgrundbesitzer und außerdem das damals in allen deutschen Städten festzustellende Bevölkerungswachstum bei. Mainz exportierte vor allem Wein aus dem Umland, außerdem Tuche aus Wolle, die in der Stadt hergestellt wurden. Ferner war die Metropole Marktort für die Stadt und das weitere Umland, die sich dort mit Gütern des täglichen Bedarfs und Luxusprodukten versorgten. In der Stadt selbst bildeten die „vielen gutgestellten Pfründen- und Rentengenießer, nämlich die Stifts- und Pfarrkleriker mit ihrem Gesinde, die Klosterkonvente, die Patrizier […] die wohlhabenden Mainzer Zunftbürger" die Schicht der Verbraucher, die Mainz vor allem zu einer „Stadt des Konsums" (L. Falck) machten. Um den Bedarf zu decken, beschaffte man sich vielfach die Waren auf der Frankfurter Messe. Trotzdem behauptete sich Mainz als Niederlage- und Stapelplatz für viele Waren, die dort von Rheinkaufleuten für mehrere Tage den Mainzer Bürgern zum Kauf angeboten wurden. Dies geschah vor allem in dem im frühen 14. Jahrhundert erbauten großen Kaufhaus am Brand, eine für ganz Südwestdeutschland beispielgebende Einrichtung.

Angesichts des wirtschaftlichen Aufschwungs und der Bevölkerungszunahme wuchs die Stadt. Man legte zusätzliche Siedlungen an und entfaltete eine Bautätigkeit, die das Bild der Stadt veränderte. Es entstanden viele neue Kirchen sowie zahlreiche weltliche Bauten, so das erwähnte städtische Kaufhaus am Brand, prächtige Patrizier- und Bürgerhäuser und vor allem das 1277 zum ersten Mal schriftlich erwähnte Rathaus.

Bedeutender geistlicher Mittelpunkt des Reiches

In dieser Zeit der allgemeinen Blüte der Stadt wahrte Mainz seinen Ruf als bedeutendes kirchliches Zentrum und insbesondere als Sitz des wichtigsten Erzbischofs des Reiches, der der größten Kirchenprovinz vorstand und eine der umfangreichsten Diözesen leitete. Dementsprechend traten in Mainz nicht nur 1225 eine Art deutsches Nationalkonzil, sondern in der späteren Zeit auch Synoden der großen Mainzer Kirchenprovinz, die von den Bistümern Chur und Konstanz im Süden bis Verden im Norden reichte, sowie Diözesansynoden zusammen.

Außerdem ließen sich in der Metropole die meisten der so genannten „neuen Orden" des Spätmittelalters nieder, die vielfach ihre Seelsorge- und Predigttätigkeit in die aufblühenden Städte verlegten, als erstes die Franziskaner, denen nach bescheidenen Anfängen 1253 Erzbischof Gerhard I. (1251–1259) eine große, für gut besuchte Predigtgottesdienste geeignete Minoritenkirche erbauen ließ. Die wegen ihrer Predigten berühmten Dominikaner, die 1251 nach Mainz kamen, errichteten von 1274 bis 1314 ebenfalls eine stattliche Kirche. Auch die seit 1220 ansässigen Augustinereremiten, der Orden des künftigen Reformators Martin Luther, erbauten ein Kloster mit Kirche in der späteren Augustinerstraße, heute in spätbarocker Ausgestaltung die Kirche des Priesterseminars. Etwa um 1404 war das Gotteshaus der Karmeliter vollendet. Hinzu kamen kleine Niederlassungen der Kartäuser, Antoniter und Wilhelmiten sowie von Frauenkonventen, wie das zweite Zisterzienserinnenkloster Dalheim bei Zahlbach, die Niederlassung des Maria-Magdalenen-Ordens (wegen ihrer Tracht „Weißfrauen" genannt) am heutigen Schillerplatz oder seit 1272 ein wichtiges Klarissenkloster, das als besonders vornehm galt. Hinzu kamen zahlreiche Beginen, d. h. fromme, der Keuschheit verpflichtete Frauen, die sich im Gegensatz zu den Nonnen nicht in strenger Klausur, sondern in freier, privater Form der Nächstenliebe (Krankenpflege, Mädchenunterricht, Bestattung Armer u. a.) widmeten.

Alle diese Klöster und geistlichen Gemeinschaften prägten das Stadtbild, aber mit ihren Bibliotheken und Schulen auch die Kultur und Kunst der erzbischöflichen Metropole. Neben der Pfarrei der Domkirche gab es damals im 13. Jahrhundert die Pfarreien St. Quintin, St. Emmeran, Udenmünster (seit dem 18. Jahrhundert St. Peter), St. Ignaz und St. Christoph. Dazu kamen die Stiftspfarrei St. Stephan und weitere Stiftspfarreien vor den Mauern der Stadt.

Obwohl Mainz seit dem Freiheitsprivileg von 1244 eine weitgehend unabhängige freie Stadt des Reiches war, so bestand rechtlich, wenn auch in der Praxis stark eingeschränkt, dennoch die weltliche Stadtherrschaft des Erzbischofs parallel zur kirchlichen weiter. Diese de jure noch bestehende Stadtherrschaft auch im weltlichen Bereich kam immerhin in der öffentlichen Rechtsprechung und in manchen Verwaltungspositionen durch Einflussnahme des Erzbischofs bei den Ernennungen zum Tragen.

Trotzdem nahmen Einfluss und Macht des Stadtrates zu, der mit dem Rathaus am Brand ein unabhängiges Zentrum besaß, wo er sich versammelte. Als führende Vertreter dieses Rates fungierten zwei, in späteren Zeiten auch drei oder vier Bürgermeister, die bis 1462 sehr umfangreiche Kompetenzen

(äußere Politik, militärischer Oberbefehl über das Bürger-
aufgebot) besaßen, während andere Mitglieder des Rates
zusätzliche Ämter wie die der Schatzmeister, Baumeister,
Rechenmeister (Überwachung der städtischen Einnahmen
und Ausgaben) u. a. in kollegialischer Weise ausübten. Sie
taten dies, ebenso wie die Bürgermeister, in jährlichem Wech-
sel, um Machtmissbrauch zu verhindern.

Die patrizischen Mitglieder des Stadtrats und an ihrer
Spitze die Bürgermeister verdrängten zunehmend die erzbischöflichen Amtsleute, die noch dem Rat angehörten, bis gegen
1330 ein „endgültiger Trennungsstrich" gezogen wurde. Wie
die anderen deutschen Städte der Zeit bildete auch die Mainzer Bürgerschaft eine Eidgenossenschaft, d. h. eine Schwurge-
meinde, da der von allen Bürgern zu schwörende Bürgereid all-
jährlich am so genannten Schwörtag geleistet werden musste.
Auf diese Weise wurde auch das Stadtrecht beschworen, bei
dem es sich um das „Friedgebot" von 1300 handelte und
das in der Folgezeit bis 1437 Schritt für Schritt ausgeweitet
wurde.

Die durch das Freiheitsprivileg von 1244 gefestigte relativ
starke Macht der Bürgermeister geriet in ernste Kompetenz-
streitigkeiten mit den noch verbliebenen Behörden des erzbischöflichen Stadtherren und rieb sich mit dem privilegierten,
machtbewussten Domkapitel, das mit aller Kraft seine Vorrechte gegen Einschränkungsversuche verteidigte. Außerdem
trübten bald Konflikte die Zusammenarbeit Erzbischof Wer-
ners mit den Mainzer Bürgern bei der Wahl König Rudolfs I.
Um diese Streitigkeiten zu beenden, kam der König 1275 nach
Mainz und legte die Fehde erfolgreich bei. Trotzdem blieben
die Beziehungen der Mainzer zu Erzbischof Werner von Eppstein gespannt. Es gab gar manche Streitpunkte. Während
etwa der Erzbischof die Landesherrschaft im Rheingau ohne
Einschränkungen erreichte, nicht aber in Mainz, vermied er es
zumindest, den Mainzern trotz deren Wunsch, neue Rechte zu
gewähren. So mussten diese auf dessen Tod warten, bis sie von
König Rudolf 1285 neue gerichtliche Privilegien erhielten. Ein
weiterer Streitfall mit dem Erzbischof war die Stellung der
bei den Zunftbürgern unbeliebten Juden, die der Kirchenmann

gegen den Willen der Mainzer schützte. Erst Erzbischof Gerhard II. von Eppstein (1289–1305) regelte 1295 den Streit durch ein Judenprivileg.

Reichspolitik der Kurfürsten

Als Haupt der Kurfürstenopposition betrieb damals Erzbischof Gerhard II. im Jahr 1298 die Absetzung König Adolfs. Nach entsprechenden Vorverhandlungen wurde dann in der Tat im Mainzer Dom der König abgesetzt und der Habsburger Albrecht I. (1298–1308) zum Nachfolger gewählt. Da Adolf am 2. Juli 1298 in der Schlacht bei Göllheim fiel, gab es keine weiteren Probleme.

Nach dem Tode Erzbischofs Gerhard II. im Februar 1305, ernannte Papst Johannes XXII. (1316–1334) Peter von Aspelt (1306–1320) zum Nachfolger. Erzbischof Peter war ein sehr fähiger Mann, Sohn eines Ministerialen, hatte mit Erfolg Jura und Medizin studiert und als Diplomat und Arzt König Rudolfs gewirkt. Außerdem war er Bischof von Basel und Kanzler des böhmischen Königs gewesen. Dieser vielseitig gebildete und politisch erfahrene Mann war der richtige in der damaligen schwierigen finanziellen Situation des Kurfürstentums. Ihm gelang es nämlich schnell, die Staatskasse wieder zu sanieren. Politisch nutzte er seine starke kurfürstliche Position aus, um 1308 dem Grafen Heinrich von Luxemburg zur Wahl zum deutschen König zu verhelfen. Außerdem krönte er dessen Sohn Johann im Jahr 1311 in Prag zum böhmischen König.

Als Kaiser Heinrich VII. schon 1314 starb, spielte Erzbischof Peter wieder eine entscheidende Rolle bei der Wahl von dessen Nachfolger. Damals rangen nämlich zwei Kandidaten, Herzog Ludwig von Bayern und Herzog Friedrich der Schöne von Österreich, um die deutsche Königswürde. Peter von Aspelt betrieb die Wahl Ludwigs des Bayern (1314–1347), der ihm dafür verschiedene Pfandschaften vom Reich (Oppenheim, [Gau-]Odernheim u. a.) als Dank überließ. Peter, ein fähiger Erzbischof und Organisator, pflegte gute Beziehungen zur Mainzer Bürgerschaft, der er ihre Privilegien ohne Zögern bestätigte. Dies tat auch Ludwig der Bayer, der den Mainzern das bedeutende Kaufhausprivileg verlieh. Außerdem schloss er mit den Kurfürsten von Mainz, Trier und Böhmen und den mittel- und niederrheinischen Städten den rheinischen Landfrieden von 1317, der sich gegen Friedrich den Schönen und seine Partei richtete.

Nachdem Erzbischof Peter im Juni 1320 gestorben war, ernannte der Papst Matthias von Buchegg, einen aus der Schweiz stammenden Benediktiner, zum Nachfolger, der an sich die Partei Friedrichs stärken sollte, sich aber neutral verhielt. Als Ludwig seinen Rivalen in der Schlacht bei Mühldorf geschlagen und gefangen genommen hatte, erkannte Erzbischof Matthias 1323 Ludwig als deutschen König an. Aus den langen Streitigkeiten zwischen dem avignonesischen Papsttum und Ludwig dem Bayern hatte sich Matthias ebenfalls weitgehend herausgehalten. Doch nach seinem Tod am 8. September 1328 wirkten sich diese bei der Wahl des Nachfolgers aus. Während das königfreundliche Mainzer Domkapitel den Trierer Erzbischof und Kurfürsten Balduin von Trier zum Mainzer Erzbischof wählte, bestimmte Papst Johannes XXII. Heinrich von Virneburg zum Nachfolger. Hierauf kam es in der Erzdiözese zum Schisma mit zwei Erzbischöfen.

Zwei Erzbischöfe und Kurfürsten

Natürlich mussten sich die Stadt Mainz, ihre Bürger und Geistlichen in dieser Situation für einen der zwei entscheiden. Nach Verhandlungen mit beiden Seiten und einigem Zögern entschied sich der Mainzer Rat schließlich – gemäß bisheriger Tradition – für den päpstlichen Kandidaten. Dies führte verständlicherweise zu heftigen Konflikten mit dem Domkapitel, mit dem die Stadt wegen des Privilegienstreits ohnehin auf Kriegsfuß stand. Außerdem belagerte Balduin von Trier die Stadt, in der zudem Geistliche misshandelt und aus ihr vertrieben wurden. Mainz wurde daher sogar mit dem Interdikt bestraft. Das bedeutete, dass dort keine Sakramente mehr gespendet und keine Messen mehr abgehalten werden durften. Als Ludwig der Bayer Mainz deshalb mit der Reichsacht belegte und die Zahlung von hohen Entschädigungen anordnete, geriet der Stadtrat in Schwierigkeiten, da diese Ersatzleistungen nur durch Steuererhöhungen aufzubringen waren und die Bürger stark verärgern mussten. Dadurch konnten Vertreter von Handel und Handwerk neben dem Patriziat eine Mitbestimmung in wichtigen Angelegenheiten der Stadt erringen. Sie regierten von jetzt an in einem neu gebildeten Ausschuss mit. Da viele Patrizier diese neue Machtverteilung nicht billigten, kam es zu teils gewalttätigen Auseinandersetzungen. Dies führte sogar zur zeitweiligen Emigration zahlreicher Patrizier und 1333 schließlich zur Erweiterung des Rats von ursprünglich 29 auf 58 Personen. Dabei stellten die Zünfte nun die Hälfte der Ratsherren. Außerdem wurden die bisher im Rat vertretenen bischöflichen Amtsleute hinausgedrängt.

Angesichts des Selbstbewusstseins des Bürgertums und des wachsenden Wohlstandes der Bürgergemeinde brachen neue Konflikte mit der Geistlichkeit der Stadt aus. Dabei ging es um deren spezielle Gerichtsbarkeit und auch um den geistlichen Besitz. Die Stadt hatte nämlich alles Interesse, dieses Immobilieneigentum klein zu halten, da es von Steuern befreit war. Ebenso wurde das Weinungeld kritisiert, eine indirekte Steuer beim Ausschank von Wein, von der Stifte und Klöster ebenfalls befreit waren. Da der Stadt dadurch natürlich wesentliche Einnahmequellen entzogen waren, suchte sie diese Privilegien einzuschränken. Immerhin erhielt die Stadt ein Privileg König Sigismunds von 1419, das dort ausschließlich den Mainzer Bürgern das Schankrecht zusprach. Andererseits stärkte das Konzil von Basel grundsätzlich die Stellung und die Vorrechte der Geistlichen. In dieser Konfliktsituation war ein Kompromiss vonnöten. Man einigte sich schließlich auf ein Abkommen, die so genannte „Pfaffenrachtung" von 1435, die den Konflikt entschärfte und für die Zukunft regelte.

Der Mainzer Erzbischof und Kurfürst Peter von Aspelt (1306–1320), Grabmal, dargestellt als wesentlich größerer Kirchenfürst, der drei kleinen Königen „als seinen Geschöpfen" die Krone aufsetzt.

Ø·in·die Bonifacii·epī

Or treueris natus prelul fuit bis trabeatus · Redditibus bonis et demosis sibi promis · Ecclesiam ornat res auget crimina usrat·

Ø nos mūd bir rexit quem cristus adeethra uexit· amen· Fert pius extremos iohānni regna boheno· Dulc quinos menses annos deca tetta repente·

Hic pius et largus in coūsliis fuit artus· Sceptrū dat heinrico reguī poste hec ludewiro·

Während die Geistlichkeit hier einige kleinere Zugeständnisse machte, behielt diese doch im Wesentlichen ihre Privilegien. Trotzdem brachen in den späteren Jahrzehnten des 15. Jahrhunderts neue Konflikte mit der Geistlichkeit auf. Es gab aber auch vor allem Kämpfe der Bürger untereinander, besonders der Zunftmitglieder gegen ihre eigenen Vertreter im Rat, wie gegen die Geschlechter. Diese Kräfte rangen um Macht und Einfluss in der Stadt. Es kam daher zur Erarbeitung einer neuen Verfassung des Rates mit Reduzierung der Mitglieder auf 35. Somit gestaltete sich die letzte Zeit der „Freien Stadt", die, wie wir sehen werden, 1462 zu Ende ging, durchaus konfliktreich.

Probleme und Niedergang

Mainz, das laut M. Matheus Anfang des 14. Jahrhunderts zu den wenigen Großstädten des Reiches zählte, könnte damals ca. 20 000 Einwohner gehabt haben. Wie andere Städte war es von Missernten, Kriegswirren und Seuchen heimgesucht. Besonders schlimm wütete auch hier nach 1347 die Pest, der wahrscheinlich etwa 30 % der Bevölkerung zum Opfer fielen. Der Chronist setzt für 1364 sogar 6000 Opfer, für 1373 3000 Opfer an. Infolge des ständig präsenten frühen und plötzlichen Todes entwickelte sich eine Mentalität der Bevölkerung, die von ständiger „Todesangst und Lebensgier" (Matheus) geprägt war. Dies führte einerseits dazu, dass die Menschen um ihres Seelenheils willen innige Frömmigkeitsformen pflegten, eifrig Buße taten, beteten und an Prozessionen und Wallfahrten teilnahmen, und andererseits das Leben in vollen Zügen genossen.

Die Wirtschaft der Stadt entwickelte sich bald wieder gut. In der Umgebung baute man intensiv Wein und Obstkulturen an, wobei die Weinwirtschaft für die Stadt eine besondere Rolle spielte. Hinzu kamen der Holzhandel, die Schifffahrt und der Viehhandel. So wurden in der Stadt z. B. Ochsen aus Ungarn verkauft. Auch Tuchhandel und Leinwandweberei wurden betrieben. Allerdings litt Mainz zunehmend unter der

Konkurrenz der nicht allzu weit entfernten großen Freien Reichsstadt Frankfurt.

So kam es zum Niedergang im Kreditwesen und ab der zweiten Hälfte des 14. Jahrhunderts zu immer gravierenderen finanziellen Schwierigkeiten. Die aufgenommenen Darlehen der wirtschaftlich geschwächten Stadt, deren Einkünfte auch noch durch die Privilegien der Geistlichen und der Geschlechter geschmälert wurden, wuchsen ins Unermessliche. Außerdem führte die schlechte Wirtschaftslage dazu, dass reiche Patrizier die Stadt verließen. Im Jahr 1436 stieg der Zinsendienst von Mainz schon auf 75% der Einnahmen an. Kein Wunder, dass die Stadt 1437 und 1444 Konkurs anmelden musste. Damals hatte sie Schulden in Höhe von 370 000 Gulden. So war das finanziell marode Mainz letztlich reif für das Ende der „Stadtfreiheit".

Johannes Gutenberg (1400–1468) – der große Sohn der Stadt

Der wohl berühmteste und durch seine Erfindung wirkungsmächtigste und zukunftsträchtigste Bürger der Stadt Mainz war Johannes Gutenberg. Er wurde dort in den Jahren zwischen 1393 und 1400 geboren, wobei meist das runde Jahr 1400 als Geburtsjahr angenommen wird. Sein Vater Friedel Gensfleisch zur Laden war seit 1372 Bürger in Mainz und in zweiter Ehe mit Else Wirich verheiratet. Zum mainzischen Patriziat zählend, übte er den Beruf eines Kaufmanns aus, gehörte zur Münzerhausgenossenschaft und fungierte für einige Zeit als Rechenmeister der Stadt. Den Beinamen „zum Gutenberg" trug die Familie erst seit 1420, nach einem zweistöckigen großen Hof an der Ecke Schusterstraße, der der Patrizierfamilie gehörte. Über die Kindheit und Jugend des jungen Johannes Gensfleisch bzw. Gutenberg wissen wir sehr wenig. Offensichtlich erhielt er eine gute Ausbildung, wahrscheinlich in einem Kloster, die auch Lateinkenntnisse einschloss.

Die oben beschriebenen Konflikte zwischen den Patriziern und Zünften, die Mainz erschütterten, betrafen auch die Familie Gensfleisch, so dass sie unter die 117 Patrizier zu

Das von Joseph Scholl 1827 im Auftrag des Vereins für Kunst und Literatur geschaffene Gutenberg-Denkmal, heute im Verwaltungsbau des Gutenberg-Museums aufgestellt

zählen war, die 1411 kurzfristig die Stadt verließen. 1413 wiederholte sich das noch einmal. Johannes Gutenberg gehörte auch 1428 zu den Patriziern, welche die Stadt verließen. Es war also recht wenig angenehm und arg unruhig für den jungen Patrizier in seiner Heimatstadt. Man weiß aber, dass er 1434 in St. Arbogast, einem Vorort der Reichsstadt Straßburg, wohnte und sich dort als Kaufmann sowie als Münz- und Goldschmiedelehrmeister betätigte und in einem Gussverfahren „Wallfahrtsspiegel" herstellte.

Spätestens seit Oktober 1448 lebte Johannes Gutenberg wieder in Mainz, wo er gemeinsam mit dortigen Geld- und Kaufleuten eine neue Entwicklung in der Drucktechnik zu finanzieren trachtete. Gegen 1450 erzielte er dann wirklich, wie der Mainzer Buchwissenschaftler Stephan Füssel hervorhebt, den „entscheidenden Durchbruch in der neuen Technik". Spätestens aus den Jahren seit 1454 liegen nämlich kleinere Drucke von ihm vor. In dieser Zeit entstand auch die so genannte Gutenbergbibel mit 42 Zeilen je Spalte. Füssel schreibt dazu: „Gutenbergs Erfindung ist ebenso einfach wie genial: Die Texte werden in ihre kleinsten Bestandteile aufgelöst, d. h. in die 26 Buchstaben des lateinischen Alphabets, und durch die Neuordnung der Einzellettern entsteht ein jeweils neuer, sinnvoller Text".

Gab es vorher Holzschnitte, wo jeweils nur der ganze, hier mühsam geschnitzte, Text vervielfältigt werden konnte, so mussten jetzt nur noch die beliebig oft verwendbaren Buchstaben des Alphabets gegossen werden. Hinzu kam noch ein zweites neues revolutionäres technisches Verfahren. „Statt wie in Ostasien seit 700 Jahren", so Füssel, „Farbe durch Abreiben der Papiere aufzubringen, nutzte Gutenberg die physikalischen Gesetze der Weinpresse, um mit einem hohen, vor allen Dingen aber auch gleichmäßigen Druck die Farbe vom eingefärbten Typenmaterial auf die angefeuchteten Papiere zu übertragen".

Mit seiner Erfindung und speziell mit seinen nach neuem Verfahren gedruckten Bibeln, die er auf dem Reichstag von Frankfurt 1454 vorlegte, erregte Gutenberg beachtliches Aufsehen, so dass Enea Silvio Piccolomini, der später als Pius II. (1458–1464) Papst wurde, voll Bewunderung darüber berichtete. Gutenberg druckte außerdem Ablassbriefe in hoher Zahl und verschiedene Bücher, besonders eine lateinische Grammatik, und u. a. auch so genannte Türkenkalender, die nach der Eroberung Konstantinopels dazu aufforderten, gegen die Türken zu kämpfen. Nach reger Tätigkeit in Mainz starb der Erfinder des modernen Buchdrucks dort am 3. Februar 1468 und wurde in der später zerstörten Franziskanerkirche bestattet, so dass heute von seinem Grab keine Überreste mehr geblieben sind.

Die oben beschriebene Erfindung Gutenbergs in Mainz zählt zu den ganz wichtigen Erfindungen der Menschheit. Sie war „nach der Erfindung des Alphabets um das Jahr 1000 v. Chr.", wie Füssel es ausdrückt, „ein zweiter Quantensprung in der Geschichte der Kommunikation." Immerhin erkannten schon viele Zeitgenossen die Bedeutung der Erfindung und nahmen sie entsprechend positiv auf. Durch die Wanderung der Gesellen und nicht behindert durch staatliche Stellen oder Zünfte konnte sich die neue Kunst aus Mainz mit der Zeit in ganz Europa verbreiten. Sie wurde immerhin schon im Jahr

1500 in 260 Städten praktiziert. Ohne diese sich immer mehr ausbreitende Druckkunst hätte sich die Geistesrichtung des Humanismus nicht so gut entwickeln können, für die der relativ preiswerte Druck antiker Texte für die gesamte gelehrte Welt von entscheidender Bedeutung war. Von noch größerer Bedeutung, ja geradezu als Vorbedingung für die Durchsetzung und Verbreitung der Reformation erwiesen sich die Möglichkeiten, die sich durch Gutenbergs Erfindung eröffneten. Immerhin konnte Martin Luther seine ins Deutsche übersetzte Bibel ca. 500 000fach im ganzen Heiligen Römischen Reich verbreiten. Dazu kamen viele Hunderttausende von Flugblättern und Einblattdrucken, die sehr publikumswirksam die Autorität der alten Kirche angriffen und untergruben.

Mainzer Stiftsfehde 1459–1463

War die „Freie Stadt" Mainz durch ihre gewaltige Verschuldung und ihre inneren Probleme schon schwer angeschlagen, so gab ihr die so genannte „Mainzer Stiftsfehde von 1459–1463" noch den Rest, d. h. sie konnte ihre Stadtfreiheit nicht behaupten. Diese Stiftsfehde war die Bezeichnung für den Kampf zweier Erzbischöfe, die aufgrund eines neuerlichen Schismas auf dem Mainzer Erzstuhl beide die Erzbischofswürde beanspruchten. Wie war es dazu gekommen?

Das Mainzer Domkapitel wählte – und solche Wahlen waren damals in der Reichskirche durchaus üblich – den früheren Domkustos Diether von Isenburg im Juni 1459 zum Erzbischof und Kurfürst, allerdings nur mit knapper Mehrheit. Trotzdem focht der unterlegene Gegenkandidat Adolf von Nassau die Rechtmäßigkeit der Wahl nicht an. Der amtierende Erzbischof geriet in größere Schwierigkeiten, da er wegen eines Krieges gegen die Kurpfalz beträchtliche Kriegsschulden entrichten musste und deshalb die vom Papst geforderten Zahlungen nicht fristgemäß lieferte. Gleichzeitig wurde er zunehmend der Wortführer gegen Kaiser und Papst im Reich. In diesem Zusammenhang lud Erzbischof Diether im Frühjahr die Fürsten zu einer Versammlung in Nürnberg ein. Er verfocht dem Papst gegenüber konziliare Ideen und kritisierte die von Pius II. verkündete Bulle „Execrabilis", welche der Kurie wieder mehr Gewicht verleihen sollte. Da Erzbischof Diether immer mehr „zum Katalysator der oppositionellen Kräfte im Reich zu werden drohte" (K.-M. Sprenger), strebte der Papst in Übereinstimmung mit Kaiser Friedrich III. dessen Absetzung als abschreckendes Beispiel und als Disziplinierungsmaßnahme an. Papst Pius II. schickte einen geheimen Legaten an den Rhein, um nach einem aussichtsreichen Gegenkandidaten Ausschau zu halten. Hier stieß der Legat auf den bei der Wahl 1459 unterlegenen Adolf von Nassau, den er schließlich dazu überreden konnte, das Erzbischofsamt anzutreten.

Am 26. September 1461 kam der Legat mit dem neuen Erzbischof nach Mainz und verlas in Anwesenheit Erzbischof Diethers die päpstlichen Dokumente. Sie verfügten die Absetzung Diethers durch den Papst und die Ernennung Adolfs von Nassau zum neuen Erzbischof von Mainz. Flankiert wurden diese Maßnahmen damals durch eine von Kaiser und Papst emsig verbreitete Propaganda, um die Anerkennung des neuen Mainzer Erzbischofs durchzusetzen. Man verteilte zu diesem Zweck massenweise Einblattdrucke, die nach der bahnbrechenden Erfindung Gutenbergs nach modernster Technik angefertigt und in Umlauf gebracht wurden. Nach einigen Problemen und einer militärischen Machtdemonstration Erzbischof Adolfs wurde dieser am 2. Oktober 1461 im Dom inthronisiert.

Da sich aber Erzbischof Diether tags darauf dagegen verwahrte, auf seine Erzbischofswürde pochte und die Maßnahmen des Papstes als rechtswidrig bezeichnete, folgte zunächst eine heftige juristische Propagandaschlacht, zugleich ergriffen beide Seiten Vorbereitungen für eine militärische Auseinandersetzung. Nach gescheiterten Friedensverhandlungen begannen die Gegenparteien aufzurüsten und Verbündete zu gewinnen. Während die Mainzer Geistlichkeit gespalten war, stellte sich der Rat der Stadt Mainz Anfang Dezember auf die Seite Diethers. Dieser konnte den Pfalzgrafen Friedrich I. und den Grafen von Katzenelnbogen als Verbündete gewinnen und so zunächst recht gut seine Stellung behaupten. Dann erfolgte in

Diether von Isenburg,
Erzbischof und
Kurfürst von Mainz
(1459–1461 und
1475–1482)

DIETHERUS V ISEN= BURG, GRAF ZU BÜ=
dingen, der 49. Erzbischof und 33. Chur= fürst wurde d' 14. 19 erwehlt; aber von Pab.
Pio II. a' 14. 61 solcher dignität wiederumb entsetzet, und ähn seine statt Adolph Graff von Nas.

der Nacht vom 27. auf den 28. Oktober ein plötzlicher Über-
fall der Leute Adolfs von Nassau auf Mainz. Seine Soldaten
überstiegen mithilfe von Leitern unbemerkt die Stadtmauern
und überraschten dort die Bewohner. Bevor diese noch ihre
Verteidigung richtig organisieren konnten, hatten die Bewaffneten Adolfs und seiner Verbündeten Herzog Ludwig von Vel-
denz und Graf Eberhard von Eppstein-Königstein schon wichtige Positionen in der Stadt erobert. Trotzdem kam es auf dem
Dietmarkt (heute Schillerplatz) und in der Gaugasse zu erbitterten Straßenkämpfen, denen viele Menschen zum Opfer fielen, während Erzbischof Diether und der ebenfalls anwesende
Graf von Katzenelnbogen noch über den Rhein aus Mainz
fliehen konnten. Der Kampf, der immerhin fast 500 Men-
schenleben kostete, dauerte zwölf Stunden. Etwa 150 Häuser
gingen dabei in Flammen auf. Gleichzeitig plünderte die Sol-
dateska die übrigen Häuser. Der siegreiche Erzbischof Adolf
zog dann am folgenden Tag in die Stadt ein, die damit ihren

ADOLPHVS GRAFF VON NASSAW. WIS:
baden, Idstein. der 50. Ertzbischoff, ü   34. Churfürst, wurde an statt Diethers
von Isenburg von dem Papst Pio II. eingesetzet Durch solche widrige wahl, hatt das Ertzstifft viel

Adolf II. von Nassau,
Erzbischof und
Kurfürst von Mainz
(1461–1475)

bisherigen Status einer de facto „Freien Stadt" verlor. Schlimm
war das Gericht des Nassauers; denn er ließ alle Mitglieder des
Stadtrats und alle Bürger auf den Dietmarkt kommen und
erklärte, sie hätten eine schwere Strafe verdient. Sie hätten
nämlich gegen die Weisungen des Papstes und des Kaisers
gehandelt. Deshalb wies Erzbischof Adolf fast alle männlichen
Bürger aus der Stadt, so dass deren Häuser und Vermögen als
Beutegut galten. Zwar kehrten viele Bürger bald wieder zurück, jedoch nur wenige Mitglieder der Geschlechter. In der
Folgezeit gab es daher keine richtige bürgerliche Oberschicht
mehr in Mainz. Außerdem ließ der neue Stadtherr alle Juden
ausweisen und die alte Synagoge wandelte man in eine Aller-
heiligenkapelle um.

Mit der Ausweisung der Juden endete zunächst eine lange
jüdische Tradition und Kultur in der Stadt.

Mainz – ein wichtiges Zentrum des Judentums im Mittelalter

Schon aus dem 10. Jahrhundert bezeugen schriftliche Quellen eine größere jüdische Gemeinde in Mainz. So schätzt F. Schütz die Zahl der Mainzer Juden im 11. Jahrhundert sogar auf 600 bis 700, was 10% der Gesamtbevölkerung der Stadt entsprach. Nachdem viele Juden aus Italien und anderswo nach Mainz gezogen waren, entstand dort eines der wichtigsten Zentren des aschkenasischen Judentums im ganzen Heiligen Römischen Reich. Zum Ansehen dieser großen Gemeinde trugen berühmte Gelehrte und Dichter wie Mose Kalonymos und Gerschombar Jehuda, der um das Jahr 1000 „einflussreichste Gelehrte des Abendlandes", bei. Noch heute besteht der alte jüdische Friedhof auf dem Judensand, in dem man Grabsteine aus dem frühen 11. Jahrhundert finden kann. Die damalige Synagoge der Zeit stand dort, wo sich heute der Kaufhof befindet.

In diesen für sie relativ glücklichen Zeiten waren die Mainzer Juden in erster Linie Fernhändler, die Waren wie Gewürze, Seide, Pelze und Metallprodukte vertrieben. Hinzu kam, dass sie, wegen des damals noch geltenden Zinsverbotes für Christen, zu verzinsende Kredite boten und die bevorzugten Bankiers der Könige, Fürsten und Bischöfe waren. Sie gelangten dadurch zu großem Reichtum, lebten in ihrer jüdischen Gemeinschaft neben der christlichen Mehrheit weitgehend autonom und wurden vom Judenrat und einem Parnas (Vorsteher) geleitet. Die Gemeinde hatte ein eigenes Recht, das ebenso wie die allgemeinen Glaubensvorstellungen durch die Thora (Altes Testament, Mose) und den Talmud (nachbiblische Schriften) geprägt war.

Im Prinzip standen die Juden unter dem Schutz des Königs/Kaisers und der Bischöfe und mussten dafür hohe Abgaben leisten. Im Rahmen der Stadt unterlagen sie einer besonderen, den Christen gegenüber eingeschränkten Rechtsordnung, die im Laufe der Zeit immer wieder abgeändert wurde.

Die Sonderstellung der Juden in einer religiös weitgehend

einheitlichen Bevölkerung, in einer Zeit, wo Abweichungen in der Religion ansonsten nicht geduldet wurden, und besonders ihr Reichtum und ihr Zinsgebaren bei Krediten, erzeugten Missgunst und Neid der breiten Bevölkerungsschichten, der Zünfte und auch vieler Geistlicher. Deshalb war die Sicherheit der Juden in Mainz, ähnlich wie in anderen europäischen Städten, immer wieder ernsthaft gefährdet. Es kam zu Vertreibungen wie 1012 und 1084 und zu Pogromen. Besonders schlimm war das Gemetzel infolge des ersten Kreuzzuges (1096–1099) durch ein bunt gemischtes, wenig diszipliniertes Kriegsvolk aus überzeugten, frommen Kreuzfahrern sowie beutelüsternen Abenteurern. Dieser zusammengewürfelte Kriegshaufen war leicht zu fanatisieren, aufzuhetzen und zu radikalisieren. Der in Frankreich startende Kreuzzug begann schon dort mit Ausschreitungen gegen Juden als die „Mörder Christi". Als sich die Kreuzfahrer Mainz näherten, flüchteten sich die Mainzer Juden in den erzbischöflichen und burggräflichen Palast. Als aber der Erzbischof, angesichts der Bedrohung durch die kriegerischen Haufen, aus der Stadt floh, drangen Horden der Kreuzfahrer mit Gewalt in die beiden Paläste ein und metzelten dort die bewaffneten Juden nieder. Ein zwangsgetaufter Jude setzte außerdem die Synagoge in Brand, wodurch noch weitere Menschen umkamen. Die Angaben über die damaligen Opfer schwanken zwischen 400 und 1300 Menschen. Als der Kaiser den Erzbischof Ruthard hierauf wegen unterlassener Hilfeleistung gegenüber den Juden zur Rechenschaft ziehen wollte, floh dieser nach Thüringen.

Durch das fürchterliche Pogrom von 1096 wurde die Mainzer Judengemeinde nachhaltig geschädigt und konnte ihre vorherige Bedeutung und Stellung auch später nicht mehr erreichen. Trotzdem blieb Mainz zusammen mit den Gemeinden in Speyer und Worms der kulturelle und religiöse Mittelpunkt des aschkenasischen Judentums.

Kaiser Heinrich IV. (1056–1106) stellte die Juden dann unter den besonderen Schutz des Reichsoberhauptes und sie wurden später so genannte Kammerknechte des Kaisers, der sie dafür entsprechend üppig besteuerte. Trotz des Schutzes und auch des Interesses an den besonderen Steuereinnahmen kam es in Mainz auch vor dem dritten Kreuzzug 1187/88 wieder zu Ausschreitungen gegen die jüdische Minderheit, denen zehn Personen zum Opfer fielen.

Ein erneutes Pogrom brach während der großen Pestepidemie am 23. August 1349 aus, als sich Hysterie und Sündenbockdenken breit machten. Damals kam ein großer Teil der Mainzer Juden um und deren Haus- und Grundbesitz wurde vom Stadtrat eingezogen. Ab 1356 gab es allerdings wieder eine Judengemeinde in Mainz, die Schutzbriefe erhielt. So konnte dort der wichtigste Rabbiner Deutschlands in seiner Zeit, Jakob ben Moses halevi Mölln (um 1360–1427), wirken. Die Situation der Juden in Mainz wurde im Laufe des 15. Jahrhunderts jedoch erneut schwierig. Ihre wirtschaftliche Stellung war wegen der Lockerung des christlichen Zinsverbots, wegen Steuererhöhungen, erzwungener Schuldenerlasse und anderer Einschränkungen gefährdet. Die vor allem aus Konkurrenzneid judenfeindlichen Bürger erzwangen schließlich 1438 die Ausweisung. Sie wurde zwar 1445 wieder rückgängig gemacht, aber während der Stiftsfehde ließ dann, wie erwähnt, Erzbischof Adolf II. die Juden als Anhänger seines Widersachers Diether erneut aus Mainz vertreiben.

Haupt- und Residenzstadt
der Mainzer Kurfürsten (1462–1792)

Mainz wird landsässige Stadt

Die oben beschriebene Stiftsfehde ermöglichte es dem am 28. Oktober 1462 siegreichen Kurfürsten und Erzbischof Adolf von Nassau Mainz als Haupt- und Residenzstadt seines geistlichen Kurfürstentums in dieses einzugliedern und de facto auf den Stand einer landsässigen Stadt herabzudrücken. Diese verlor dadurch den bisherigen Status einer „Freien Stadt" des Reiches. Es handelte sich somit um einen tiefen Einschnitt in der Geschichte von Mainz mit Ausweisung vieler Bürger, Neuordnung des Zunftwesens, Wegzug eines großen Teils der Patrizier und Verlust der eigenständigen Verwaltung sowie Aufwertung der Geistlichkeit, deren umstrittene Privilegien, die 1435 in der Pfaffenrachtung geregelt worden waren, in dieser geistlichen Residenzstadt („Pfaffenstadt") weiterhin in Kraft blieben.

Geleitet wurde die Stadtverwaltung zunächst seit 1464 von einem durch den Erzbischof eingesetzten Hauptmann. Seit 1489 übte diese Position als Vertreter des Kurfürsten ein Vizedom aus, der für Ordnung und Sicherheit zuständig war, den Vorsitz im Stadtrat führte und die Inhaber der städtischen Ämter bestellte. Während 1526 der Generalvikar im bisherigen Rathaus seinen Amtssitz erhielt, tagte der Stadtrat von nun an im Gebäude der alten Münze.

Aber zurück zur Entwicklung der städtischen Administration! Als am 6. September 1475 Kurfürst Adolf II. starb, wollte Kaiser Friedrich III. die Stadt übernehmen und drohte andernfalls, keine Erzbischofswahl anerkennen zu wollen. Aber das selbstbewusste Domkapitel ließ sich davon nicht beeindrucken, sondern veranlasste die Mainzer Bürger, dem Kapitel den Treueid zu schwören und wählte den 1461 unter-

Die Martinsburg mit dem Kurfürstlichen Schloss und der (Reichs-) Kanzlei. Aquarell von Franz von Kesselstadt (um 1800)

legenen Diether von Isenburg am 9. November 1475 zum neuen Kurfürst-Erzbischof. Auf diese Weise konnte das Domkapitel die kurmainzischen Ämter Höchst, Steinheim und Dieburg für das Kurfürstentum zurückgewinnen, die Diether aufgrund der erwähnten Einigung vom 5. Oktober 1463 als Entschädigung für den Verlust des Erzbischofstuhls erhalten hatte. Allerdings musste Erzbischof Diether als Preis für seine Wiederwahl die Stadtherrschaft über Mainz dem dortigen Domkapitel übertragen.

Die damit unzufriedene und auch ganz allgemein von Erzbischof und Kaiser enttäuschte Mainzer Bürgerschaft, erhob sich hierauf im August 1476 mit Waffengewalt und zwang das Domkapitel, die Eide aufzuheben, die Schlüssel der Stadt und die einschlägigen Urkunden den Bürgern zu übergeben. Aber dieser Versuch der Mainzer, die Macht in der Stadt zurückzuerobern, dauerte nur ein paar Tage, denn Erzbischof Diether von Isenburg zog mit Truppen vor die Tore der Stadt, um diese zu unterwerfen. Nach erfolgreicher Disziplinierung der Bürgerschaft schlug der Stadtherr auch noch einen letzten Aufstandsversuch im Oktober 1476 rasch nieder, so dass den Bürgern endgültig keine andere Wahl blieb, als sich der Herrschaft des Kurfürsten unterzuordnen. Um die Stadtherrschaft zu festigen, ließ Diether in den Jahren von 1478 bis 1481 an der Nordwestecke der Stadtmauer die Martinsburg am Rhein errichten. Obwohl die Burg kurz nach ihrer Fertigstellung schon wieder abbrannte, ließ sie der Kurfürst wieder aufbauen und durch Mauern, Gräben und Wälle sichern. In diesem Zustand blieb sie 300 Jahre lang das sichtbare Zeichen der kurfürstlichen Herrschaft über die Stadt, bevor im 17. Jahrhundert das heute noch teilweise stehende kurfürstliche Schloss die Burg ersetzte.

Immerhin beseitigte der Erzbischof die Stadtherrschaft des von den Bürgern ungeliebten Domkapitels, um sie, abgesehen von den Vakanzzeiten, in Zukunft den Kurfürsten zu sichern. Diese Regelung wurde 1478 durch Papst Sixtus IV. (1471–1484) bestätigt. Damals fehlte allerdings noch, wie W. Dobras mit Recht betont, „die reichsrechtliche Anerkennung der Mediatisierung von Mainz", d. h. der Herabstufung der ehemals „Freien Stadt" des Reiches zur landesherrlichen Haupt- und Residenzstadt des Kurfürstentums. Diese Anerkennung konnte erst der in der Reichspolitik so wichtige spätere Kurfürst Berthold von Henneberg (1484–1504) erreichen. Der wichtigste Königswähler erbat nämlich als gewisse Gegenleistung für seine Stimmabgabe für Maximilian dessen Verzicht auf Mainz „von Reichs wegen". Der zum römischen König mit dem Recht auf die Nachfolge im Kaisertum gewählte Maximilian I. bestätigte diesen Verzicht dann am 2. Mai 1486 und nochmals, nach dem Tod Friedrichs III. 1493 Kaiser geworden, im Jahre 1494. Damit wurde die einst so stolze freie Bürgerstadt Mainz endgültig zur landsässigen Stadt, profitierte aber zunehmend von ihrer Funktion als Haupt- und Residenzstadt. Der Kurfürst-Erzbischof hatte von da an unbestritten die hohe und niedere Gerichtsbarkeit, die Münz- und Zollhoheit und die Herrschaft in der Stadt inne.

Seit 1475 gab es nach der Übergangszeit mit ihrer Ausnahmesituation wieder einen Stadtrat, der allerdings ab 1476 nur zwölf Mitglieder hatte. Im Gegensatz zu den Zeiten der Freien Stadt ernannte nun allein der Kurfürst diese Ratsherren, während die Bürger keine Mitbestimmung mehr ausübten. So wurde der Stadtrat, der damals „Ratseß" hieß „eine lokale Verwaltungsbehörde von kurfürstlichen Gnaden". Diese besaß keine Kompetenzen mehr in der Politik der Außenbeziehungen und vor allem auch nicht bei der Kontrolle der Stadtfinanzen und der Steuererhebung, denn die Erhebung der Kopfsteuer („Herdschilling") von allen Haushalten des Bürgertums und der „Schatzung" (Vermögenssteuer) sowie der Zolleinnahmen war nun die Aufgabe kurfürstlicher Beamter.

Als oberster Beamter und Vertreter des Erzbischofs in der Stadt fungierte ein aus dem Adel stammender Vizedom, dem als zuständiger Beamter für alle Fragen der Sicherheit der so genannte Gewaltbote verstand. Dieser war für das Wehrwesen der Stadt, die Stadtmauern, das Bauwesen und teilweise für die Gewerbeaufsicht als Vertreter des Vizedoms zuständig, dem wieder andere wichtige Beamte (Schatzmeister, Wachtmeister, Baumeister) unterstanden. Selbstverständlich waren auch die Gerichte dem Kurfürsten untergeordnet und die Richter wurden von diesem ernannt. Damit hatte Adolf von Nassau die städtische Selbstverwaltung von Mainz empfindlich eingeschränkt und das Amt des Bürgermeisters abgeschafft. Nach einigen Jahren weitgehender Rechtlosigkeit erhielten die Bürger mit dem „Freiheitsbrief" vom 25. Mai 1469 immerhin wieder eine Art politische, wirtschaftliche und gewerbliche Verfassung, auf deren Grundlage das Leben der Stadt in Zukunft geregelt war. Dieser „Freiheitsbrief", der immer wieder erneuert wurde, blieb bis zum Ende der kurfürstlichen Herrschaft in Kraft. Er verlieh den Bürgern und der Einwohnerschaft der Stadt zumindest Rechtssicherheit.

Bruderschaftsverfassung

Wichtig wurde diese neue Verfassung für die bisher so stolzen Zünfte, die nun als „Bruderschaften" bezeichnet und deren frühere Rechte teilweise eingeschränkt wurden. Adolf II. von

Nassau erließ in der Zeit von 1468 bis 1469 neue Ordnungen für diese Bruderschaften, die zu Organisationseinheiten der Bürgerschaft wurden. Wie in allen damaligen Städten besaßen die verschiedenen Zünfte oder Bruderschaften unterschiedliche Ränge. Dies wirkte sich ganz allgemein auf das Ansehen der jeweiligen Bruderschaft im Leben der Stadt aus. So gingen z.B. bei Umzügen oder Prozessionen die Bruderschaften genau nach ihrer Rangordnung an entsprechender Stelle mit. Nach der Steuerliste von 1541 gab es in Mainz 18 Zünfte, wobei die Krämerbruderschaft mit 151 Mitgliedern die angesehenste war, zu der auch die Apotheker gehörten. Unter ihnen standen die Zünfte der Bender, zu denen auch die Weinhändler und Brauer zählten, und die der Goldschmiede, die zusammen mit Kannegießern, Sattlern, Gürtlern, Bildhauern und Malern eine Bruderschaft bildeten. Hierauf kam dem Rang nach die Schmiedezunft mit 45 Mitgliedern, die Werkleutezunft (Steinmetze, Maurer, Zimmerleute, Dachdecker) mit 57 Leuten. So ging es weiter bis hin zu den Bruderschaften geringeren Ranges, der Schneiderzunft, der Fischerbruderschaft mit immerhin 65 Mitgliedern, den Bäckern, Metzgern, Gärtnern, Steuerleuten, den Kärchern (Fuhrleuten) und Schrödern (Trägern). Als unterste Bruderschaft galt schließlich die mit 126 Leuten größte Zunft der Häcker, in der vor allem Tagelöhner organisiert waren, die in der Landwirtschaft arbeiteten.

Neben dieser breiten Bevölkerungsschicht, die in Bruderschaften untergliedert war, lebte in Mainz eine weitgehend privilegierte Schicht. Zu ihr gehörte die in dieser Erzbischofstadt zahlreiche Geistlichkeit, angefangen von den adeligen Mitgliedern des Domkapitels und der Ritterorden, den Stiftsherren, Patres und Fratres der Klöster, den Mitgliedern der Frauenkonvente bis hin zu den Stadtpfarrern, Vikaren und Hilfsgeistlichen. Außerdem zählten die Personen, die in den Gerichten der Stadt tätig waren, zu den privilegierten Ständen, ferner die Akademiker, d.h. die Doctoren, Licentiaten und Magister, zusammen 20 Personen, und deren Witwen und schließlich die 1541 noch wenigen adeligen Familien, die sich in Mainz einen Hof, d.h. ein Palais gekauft hatten, um in der kurfürstlichen Haupt- und Residenzstadt zu leben.

Gründung der Universität 1477

War die Verfassungsentwicklung der Stadt für die früher größere Freiheiten gewohnten Bürger weniger erfreulich, ebenso die durch die „Stiftsfehde" erlittenen Schäden und die durch Ausweisungen geschädigte wirtschaftliche Lage der Stadt, so bot Erzbischof Diether dieser doch mit der Gründung einer Universität eine zukunftsträchtige Chance. Den Plan, Mainz durch eine Universität aufzuwerten und mit Glanz zu versehen, hatte schon Erzbischof Adolf II. entwickelt. Diether von Isenburg schritt jetzt zur Tat. Zunächst ersuchte er Papst Sixtus IV., ihm die Privilegien der renommierten, viel älteren Universitäten von Bologna, Paris und Köln zukommen zu lassen. Außerdem erbat er vom Papst eine Bulle zur Errichtung der neuen Universität. So eine Bulle war wichtig, um die europaweite Anerkennung der in der Mainzer Hochschule erworbenen Diplome und Prüfungen zu garantieren. Kurfürst und Erzbischof Diether von Isenburg eröffnete dann am 1. Oktober 1477 feierlich die Universität Mainz, die Vorgängerin der heutigen großen Hochschule. Gemäß päpstlicher Bulle sollten die zwei Theologie-, vier Jura-, sieben Philosophie(Artisten)-Professoren und die eine Medizinprofessur aus den Einkünften von 14 Stiftspfründen außerhalb und innerhalb von Mainz bezahlt werden. Außerdem wollte man Räumlichkeiten der Karmeliter- und Dominikanerhochschulen für universitäre Zwecke einbeziehen. Schließlich stellte der Kurfürst mehrere in der Stiftsfehde beschlagnahmte Höfe von Patriziern im Umkreis der Christophskirche der Neugründung zur Verfügung, damit man dort Bursen für Professoren und Studenten der verschiedenen Fakultäten schaffen konnte, so dass dort ein richtiges Universitätsviertel entstand.

Von großer Bedeutung für so eine neue Universität war selbstverständlich das Führungspersonal, allen voran der Rektor. Hier fiel die Wahl auf den Theologen und vormaligen Dekan des Mainzer St. Peter-Stiftes Jakob Welder, nach dem eine Straße im heutigen Universitätscampus benannt ist. Er stammte aus Siegen und war damals im Universitätsbereich kein Unbekannter, denn er hatte schon bei der ein paar Jahre vorher im Jahr 1473 erfolgten Gründung der Universität in Trier eine wichtige Rolle gespielt. Als erster Kanzler fungierte der Propst von Mariengreden in Mainz, der aus Nürnberg stammende Georg Pfünzing. Als Besonderheiten führte man in der Mainzer Universität die jährliche Rektorwahl ein und die von vorneherein gleichberechtigte Stellung der damals sich bekämpfenden theologischen Schulen, d. h. der „via antiqua" des Thomas von Aquin und der „via moderna" des William Occam. Von Anfang an errichtete der Kurfürst auch einen Lehrstuhl für weltliches römisches Recht. Erfreulicherweise konnte die Neugründung sehr schnell aufblühen und zu einem angesehenen Zentrum des Humanismus, der damals führenden, modernen Geistesrichtung, werden.

Kurfürst Berthold von Henneberg (1484–1504)

Nach der kurzen Regierungszeit Adalberts von Sachsen (1482–1484) war vor allem die Epoche des tatkräftigen Kurfürsten Berthold von Henneberg (1484–1504) für das Leben von Mainz wichtig. Er sorgte nämlich durch zahlreiche Verordnungen für das Wohl der Stadt. Seine „Aufruhr- und Feuerordnung" (4. Oktober 1494) regelte beispielsweise das Wehrwesen und die Brandbekämpfung. Die vielen Fachwerkhäuser, die in der Stadt standen, galten nämlich nicht zu Unrecht beim Ausbruch von Feuer als besonders gefährdet. Deshalb ließ Erzbischof Berthold allen Bewohnern im Einzelnen ihre Aufgaben im Brandfall zuweisen und festlegen. Die nötigen Leitern hatten die Schornsteinfeger und Leien-(= Schiefer-) decker herbeizutragen, während die Mitglieder der geistlichen Orden, die Juden und auch die Dirnen die Eimer mit Wasser herbeischleppen mussten. Um die Verletzten hatten sich die Bader und ihr Personal zu kümmern. Den Kärchern erlegte der Erzbischof auf, immer ein mit Wasser gefülltes Fass griffbereit zu haben, die Bruderschaften hingegen mussten jeweils mindestens acht Ledereimer bereithalten. Bei Nichtbeachtung der Vorschriften drohten empfindliche Strafen. Darüber hinaus wurde angeordnet, regelmäßig die Schornsteine reinigen zu lassen.

Schließlich ergriff Kurfürst Berthold Maßnahmen, um die innere Sicherheit der Stadt zu erhöhen sowie Diebstahl und Einbruch einzuschränken. Von besonderer Bedeutung für das Wirtschaftsleben und den Handel wurde das am 10. Dezember 1486 von Kurfürst Philipp von der Pfalz anerkannte Mainzer Stapelrecht, von dem nur die Schiffe ausgenommen waren, die rheinabwärts in die freie Reichsstadt Frankfurt fuhren. Alle anderen mussten ihre Waren ausladen und im Mainzer Kaufhaus überschlagen und wiegen lassen. Während der Erzbischof durch all diese Verordnungen die Stadt und ihre Bürgerschaft tatkräftig förderte, bestätigte er aber auch zu deren Leidwesen die Privilegien der Mainzer Geistlichkeit, so dass es dauernd zu weiteren Spannungen kam.

Da Mainz Sitz des Reichserzkanzlers und wichtigsten Kurfürsten war, zählte es Ende des 15. und Anfang des 16. Jahrhunderts ohne Zweifel zu den Hauptstädten des Reiches. Kurfürst Berthold von Henneberg galt mit Recht als der damals führende Kopf der ständischen Reichsreformbewegung, die andere Ziele verfolgte als Kaiser Maximilian I. Nach einem Projekt des Mainzers sollte die Stadt sogar Sitz der Reichssteuerverwaltung werden. Berthold setzte letztlich auch auf dem Wormser Reichstag die in dieser Zeit drei wichtigsten Reichsreformgesetze (7. August 1495) durch. Damals wurde nämlich die Einführung des „Gemeinen Pfennigs" beschlossen, dem allerdings keine lange Dauer beschieden war, ferner der „Ewige Landfrieden" verkündet, der im Reich endgültig das mittelalterliche Fehderecht beseitigte, und schließlich die Kammergerichtsordnung, welche dieses höchste Reichsgericht installierte, angenommen. Als führender Mann der Reichsstände konnte der Kurfürst auch entscheidend dazu beitragen, dass 1500 das Reichsregiment als Vertretung dieser Stände eingesetzt wurde. Allerdings gelang es ihm nicht, dessen Sitz und den des Reichskammergerichts nach Mainz zu bringen.

54

Entwicklung bis zur Umbruchzeit
Anfang des 16. Jahrhunderts

Der in der Reichspolitik so bedeutende Kurfürst förderte in Mainz die Kultur und Wissenschaft und hier besonders die neue Geistesrichtung des Humanismus. So konnte die Stadt zu einer Hochburg humanistischen Denkens werden, das sich allerdings im Rahmen der alten Kirche bewegte. Wichtige Repräsentanten waren Dietrich Gresemund und sein gleichnamiger Sohn, ferner der Universitätsrektor Jakob Welder und der Historiker Ivo Wittich, nach denen Straßen auf dem heutigen Universitätscampus benannt sind. Das Mainzer Zentrum des deutschen Humanismus wurde auch von den Nachfolgern Hennebergs, Jakob von Liebenstein (1505–1508) und Uriel von Gemmingen (1508–1514) besonders gefördert. Die Mainzer Bürgerschaft zeigte sich ebenfalls für die neuen geistigen Bewegungen offen.

Natürlich war das Leben der Stadt nicht nur von Wissenschaft und geistiger Bildung geprägt, sondern auch durch soziale und wirtschaftliche Probleme. Die Stiftsfehde, in deren Folge damals viele Menschen umgekommen sind, ferner die damit verbundenen Ausweisungen und die Emigration der Patrizier führten nämlich zu erheblichen Bevölkerungsverlusten, die erst wieder gegen Mitte des 16. Jahrhunderts ausgeglichen wurden. Für die neue Gesellschaftsstruktur war charakteristisch, dass anstelle der früheren patrizischen Oberschicht eine neue bürgerliche trat, die aus Kaufleuten und Handwerkern bestand und dem Kurfürst treu ergeben war.

Wirtschaftlich erholte sich die Stadt, die eine bedeutende Rolle als Markt des Umlandes und als Umschlagplatz am Rhein behielt, erst allmählich im 16. Jahrhundert. Dabei scheint sich die Tatsache negativ ausgewirkt zu haben, dass sich der meiste Grundbesitz der Stadt in geistlicher Hand befand. Zunehmend zogen auch Adelige, besonders rheinische Reichsritter, in die kurfürstliche Haupt- und Residenzstadt, die dann nicht nur die Domkapitel-Pfründen und andere geistliche Stellen, sondern ebenso wichtige Ämter der kurfürstlichen Administration, so z. B. immer das Vizedomamt, innehatten. Natürlich spielte diese kleine adelige Minderheit in Mainz am Hof des Landesherrn eine dominierende Rolle. Die kurfürstliche Verwaltung beschäftigte aber auch nicht wenige Juristen ohne Bürgerrecht, die zusammen mit den Richtern zu einem neuen „Beamtenpatriziat" zusammenwuchsen. Diese nichtbürgerliche Oberschicht (Geistlichkeit, Adel, kurfürstliche Beamtenschaft) blieb in Mainz wie in den anderen deutschen Residenzstädten von Bürgerrechten und -pflichten befreit.

Besonders unruhig und konfliktreich gestaltete sich die Entwicklung von Mainz dann in der Umbruchzeit der Reformation und der sozialen Krisen des frühen 16. Jahrhunderts.

Reformation

Mit Kurfürst Albrecht von Brandenburg (1514–1545) wurde die Stadt von einer der Zentralfiguren regiert, die eng mit dem Beginn der Reformation verknüpft waren. Der jüngere Bruder des Brandenburger Kurfürsten Joachim hatte, wie bei nachgeborenen Fürsten- und Adelssöhnen weit verbreitet, seine standesgemäße Versorgung durch Erwerb von geistlichen Territorien gesucht. Solche Territorien waren für diese Adeligen wegen deren Doppelfunktion, nämlich Landesherrschaft einerseits und geistliches Hirtenamt andererseits, interessant, besonders natürlich wegen der damit verbundenen Landesherrschaft und der entsprechenden Einkünfte. Albrecht wollte sich durch den Erwerb mehrerer geistlicher Territorien, sogar zweier Erzbistümer, besonders gut ausstatten lassen. Nachdem er 1513 Erzbischof von Magdeburg und Administrator von Halberstadt geworden war, beabsichtigte er nun, sich auch noch in Mainz, dem angesehensten Erzbistum und Kurfürstentum des Reiches, wählen zu lassen. Die Aussichten dafür waren gut, denn da ein Teil dieses Territoriums, nämlich die Stadt Erfurt mit Umland, durch die sächsischen Wettiner bedroht war, hoffte das Mainzer Domkapitel, mit einer Wahl des Hohenzollernprinzen Albrecht auch den Schutz des Brandenburger Kurfürsten zu erlangen und auf diese Weise den

Besitz von Erfurt zu sichern. Albrecht erleichterte dem Domkapitel außerdem die Wahl dadurch, dass er zusagte, die an Rom anfallenden hohen Servitien und Palliengelder nicht vom Kapitel zahlen zu lassen, sondern diese aus eigenen Mitteln zu bestreiten. So wurde Albrecht am 9. März 1514 einstimmig zum Erzbischof und Kurfürsten gewählt.

Allerdings verstieß die Wahl in drei Bistümern, sogar zwei Erzbistümern, in grober Weise gegen das Kirchenrecht. Deshalb musste der Kurfürst für die erforderlichen päpstlichen Ausnahmegenehmigungen hohe Summen entrichten. Dieses Geld hoffte der Mainzer Kurfürst mit Ablassgeldern für den Bau des Petersdoms zu finanzieren, die er sich mit Rom teilen wollte. Damals konnte man nämlich durch von der Kirche festgelegte Gebete, Sakramentenempfang und gute Werke – eben auch Spenden – den Ablass von Sündenstrafen im Fegfeuer erreichen. Um möglichst schnell seine Schulden an Rom zu begleichen, ließ Albrecht den Verkauf von Ablässen fördern, so dass ein regelrechter, intensiver Handel entstand. Gegen dieses Ablassgeschäft, welches das Bußsakrament in den Hintergrund treten ließ, wandte sich der Wittenberger Mönch und Theologieprofessor Martin Luther, der zur Erzdiözese Albrechts gehörte, in seinen 95 Thesen, die er auch dem Mainzer Erzbischof zusandte. Dies war der Anlass und Anstoß der Reformation, der sich später ausbildenden neuen Lehre Luthers und der Glaubensspaltung.

Der reformatorische Glaube fand in der Stadt Mainz durchaus viele Sympathisanten und Anhänger, denn auch dort beklagte man die damaligen Missstände der alten Kirche. Dazu gehörten die oben bei Albrecht geschilderte Doppelfunktion, welche die adeligen Amtsinhaber der Bischofsstühle ein besonders weltliches Leben führen ließ, ferner die Unsicherheit und vielfach vertretene Beliebigkeit der Theologie, die Verdinglichung des Glaubens mit Überbetonung des Reliquienkults, des Ablasswesens und der Eucharistieverehrung, das weit verbreitete Konkubinat der Kleriker sowie das als ausbeuterisch empfundene Finanzgebaren der Kurie. All dies führte zu einer Krise der Kirche und zu starken antiklerikalen Ressentiments der Laien gegen die Geistlichkeit. In Mainz kritisierte man, dass die Erzbischöfe selten ihre geistlichen Funktionen ausübten und vor allem ein Leben von Fürsten mit entsprechender Pracht und mit Luxus führten. Auch viele Domkapitulare sahen in ihren Pfründen weniger das an sich dazugehörende priesterliche Amt, als vielmehr die standesgemäße Versorgungsmöglichkeit. Da der hochadelige Kurfürst selbst eine Mainzer Bäckerstochter als Mätresse hatte, waren seine Maßnahmen gegen das Priesterkonkubinat verständlicherweise nicht sehr glaubwürdig.

Obwohl von Theologen kritisiert, war die verdinglichte Frömmigkeit, die vor allem von den Bruderschaften gepflegt wurde, mit vielen Prozessionen, stark ausgeprägtem Heiligenkult, Passionsspielen und Ablasswesen damals in der Stadt sehr verbreitet und beim Volk durchaus beliebt. Albrecht von Brandenburg selbst, 1518 zum Kardinal ernannt, blieb der neuen Lehre gegenüber recht zurückhaltend und zunächst neutral, zeigte allerdings ein gewisses Wohlwollen. Dies musste der päpstliche Nuntius Alexander schmerzlich erleben. Als er nämlich am 28. November 1520 im Mainzer Dom einen feierlichen Gottesdienst hielt, um dann anschließend auf dem Marktplatz öffentlich die Bücher Martin Luthers verbrennen zu lassen, wurde er schon in der Messe erheblich gestört, während die Verbrennung der Bücher sogar durch einen wilden Aufstand der Bevölkerung verhindert wurde. Der erzürnte Nuntius konnte sich gerade noch retten, sonst wäre er wohl gesteinigt worden. Die neue Lehre hatte sich nämlich in der Stadt ausgebreitet, da der in seiner Haltung nicht eindeutig festgelegte Kardinal und Kurfürst zunächst den Prädikanten des Baseler Münsters und neugläubigen Wolfgang Capito zum Domprediger ernannt und auch den mit der neuen Lehre sympathisierenden Dichter und Humanisten Ulrich von Hutten an seinen Hof geholt hatte.

Gegenmaßnahmen

Die Predigten Capitos riefen allerdings heftige Reaktionen der altgläubigen Mönche der Stadt hervor, während mehrere Theo-

Von Albrecht von Brandenburg 1526 am Marktplatz vor dem Dom
errichteter Renaissancebrunnen mit seinem Wappen

logieprofessoren, allen voran der Dompfarrer und Professor Johann Stumpf, für Luthers Lehren Partei ergriffen. Da Capito kurfürstlicher Berater wurde, ließ dieser seinen Schüler und Reformationsanhänger Caspar Hedio zum neuen Domprediger ernennen, der heftig gegen die altgläubigen Priester agitierte. Da das Domkapitel der neuen Lehre distanziert gegenüberstand und auch die Anhängerschaft Hedios schrumpfte, ergriff der sich nun doch für den alten Glauben entscheidende Kardinal Albrecht ab 1523 Maßnahmen gegen die Lutheraner und erließ sogar am 10. September 1523 ein „scharfes Mandat gegen alle Lutheraner in seinen Stiften". Capito und Hedio verließen hierauf in diesem Jahr Mainz. Letzterer kümmerte sich aber weiterhin von außen her um seine Anhänger und wetterte gegen die altgläubigen Priester, die er, wie er in seinem „Sendbrief" schreibt, am liebsten mit einem „Mühlstein am Hals" im Rhein versenken wollte.

1525 erhielt die reformatorische Bewegung allerdings nochmals Auftrieb. Nachdem die in einem Großteil Süddeutschlands ausgebrochenen Bauernkriege auch den kurmainzischen Rheingau erfasst hatten, solidarisierten sich viele Mainzer Bürger mit den Bauern und ihren Zielen. Unter der Führung von Handwerkern formulierten sie 31 Artikel mit Forderungen, die von den Bürgern, dem Stadtrat, dem Vizedom und dem Domkapitel mehr oder minder freiwillig akzeptiert wurden. Es ging dabei um praktische Fragen, wie Verringerung der Zölle, Steuern und Grundzinsen, wirtschaftliche Vergünstigungen und um die Freilassung lutherischer Prediger und schließlich um die Durchsetzung der Wahl der Pfarrer und den Abbau geistlicher Privilegien. Im religiösen Bereich versuchte vor allem der prolutherische Pfarrer von St. Ignaz, Johann Feiertag, gegen Geistlichkeit und Domkapitel zu agieren und durch seine Predigten das Mainzer Volk aufzuwiegeln.

Während dieser Aufstand der Mainzer trotzdem weitgehend friedlich verlief, wendete sich schnell das Blatt, als sich der Schwäbische Bund in seinem Siegeszug gegen die Bauern auch Mainz näherte. Die Stadt, in der jetzt wieder zum alten Glauben neigende Honoratioren das Sagen hatten, entsandte Vertreter nach Aschaffenburg, wohin der Kurfürst seinen Hof verlegt hatte, um sich am 1. Juli 1525 dem Kurfürsten zu unterwerfen und ihm und dem Domkapitel Treue zu schwören. Hierauf wurden die Rädelsführer aus Mainz verwiesen und die drei in Mainz wirkenden prolutherischen Geistlichen mussten dem Luthertum abschwören. Nach diesem ausgesprochen milden Strafgericht ließ Albrecht von Brandenburg als Versöhnungsgeste und in Erinnerung an das glückliche Ende des Konflikts den alten baufälligen Brunnen am Marktplatz vor dem Dom 1526 durch einen besonders kunstvollen, repräsentativen Renaissancebrunnen mit seinem Wappen ersetzen.

Noch im November 1525 war das Mainzer Domkapitel aktiv geworden, um das Luthertum zurückzudrängen. Es lud die Kapitel der zwölf Suffraganbistümer der riesigen Kirchenprovinz nach Mainz ein, diskutierte über die vorgekommenen Unterdrückungen und Vertreibungen von Altgläubigen und fasste einen Beschluss, den so genannten „Mainzer Ratschlag", der den Bischöfen empfahl, Lutheraner von den Höfen, Verwaltungen und Domkapiteln zu entfernen und die lutherischen Prediger zu vertreiben. Dieser „Mainzer Ratschlag" erzürnte Martin Luther zutiefst. Er schleuderte deshalb dem Domkapitel eine allerdings dann nicht gedruckte Kampfschrift entgegen: „Wider den rechten aufrührerischen, verräterischen und modischen Ratschlag der ganzen Mainzer Pfafferei Unterricht und Warnung."

Unter Albrecht, der sich, wie erwähnt, zunächst wenig um die Einschränkung des Luthertums kümmerte und recht tolerant blieb, wandte sich vor allem das Domkapitel aktiv gegen die Reformation. Es berief auch den altgläubigen Domprediger Friedrich Nausea, einen gelehrten Humanisten. Wesentlich erfolgreicher war seit 1540 der vom Kurfürsten geförderte Mainzer Reformkreis. Entscheidend für den neuen katholischen Reformgeist erwies sich in Mainz jedoch, wie in vielen anderen Städten des Heiligen Römischen Reiches, die Berufung von Jesuiten. Der Kurfürst holte schon 1542/43 den Jesuitenpater Peter Faber, ein Mitglied des soeben 1540 von Papst Paul III. anerkannten ganz neuartigen Ordens, nach Mainz, damit dieser theologische Vorlesungen an der Universität halte. Faber führte damals Vertreter des Mainzer Reformkreises, wie den Mainzer Domherrn und erwählten Bischof von Naumburg, Julius Pflug von Pegau, und den Mainzer Weihbischof Michael Helding in die Exerzitien (geistlichen Übungen) des Ignatius von Loyola ein und festigte dadurch den Glauben dieser Theologen. Zu dem altgläubigen Reformkreis in Mainz gehörten außerdem Valentin von Tettleben, Bischof von Hildesheim und Generalvikar von Albrecht, der Domherr Sebastian von Heusenstamm, dessen späterer Nachfolger, ferner der Domprediger und Guardian der Franziskaner, Johannes Wild, und schließlich der Dominikaner und Universitätsprofessor Johannes Dietenberger, der die Bibel ins Deutsche übersetzte, eine Übersetzung die viele Auflagen erlebte. Dieser „Mainzer Reformkreis" war streng katholisch und setzte sich intensiv für die Reform der alten Kirche ein.

Kaum war in Mainz 1526 der innere Friede wiederhergestellt, drohte Gefahr von außen, da der neugläubige Landgraf Philipp von Hessen zum Krieg gegen die geistlichen Fürstentümer am Rhein rüstete. Konnte ein Angriff zunächst durch die Zahlung einer Geldsumme, einer so genannten „Kriegsentschädigung" abgewendet werden, so ging durch den von Philipp gegründeten Schmalkaldischen Bund schon wieder eine Bedrohung aus, der Kardinal Albrecht durch Rüstungen begegnete. Glücklicherweise blieb aber die Stadt verschont.

Unter den Kurfürsten Sebastian und Daniel

Nach dem Tode Albrechts von Brandenburg, am 24. September 1545, wurde vom Domkapitel ein Mitglied des Reformkreises, Sebastian von Heusenstamm (1545–1555), zum neuen Erzbischof und Kurfürsten gewählt. Dieser übernahm ein stark verschuldetes Territorium und musste deshalb mit großen finanziellen Schwierigkeiten kämpfen. In seiner Regierungszeit war Mainz nochmals als Zentrum der größten deutschen Kirchenprovinz Tagungsort wichtiger Synoden und gleichzeitig ein theologischer Mittelpunkt der Katholiken; denn es waren die Mainzer Reformtheologen Helding und Pflug, welche die Religionsartikel des von Karl V. verkündeten „Augsburger Interims" (15. Mai 1548) redigierten. Im November 1548 hielt außerdem Heusenstamm eine Diözesansynode ab und im Mai 1549 fand die letzte Provinzialsynode der umfangreichen Mainzer Kirchenprovinz statt, die von Chur bis Hildesheim und Verden bis vor die Tore Hamburgs reichte. Man erklärte hier die religiös-sittliche Erneuerung und die bessere Ausbildung des Klerus als wichtigste Aufgaben einer Kirchenreform. Heusenstamm nahm außerdem am Trienter Konzil teil, musste aber bei Ausbruch des zweiten Markgräflerkrieges (1552–1554) Mitte März 1552 Trient verlassen, um die Verteidigung von Mainz leiten zu können. Er versuchte allerdings vergeblich, durch Verhandlungen den Frieden zwischen dem Kaiser und den gegnerischen, mit König Heinrich II. von Frankreich (1547–1559) verbündeten protestantischen Fürsten zu vermitteln und zu bewahren. Als die treibende Kraft des Konflikts, Albrecht Alcibiades von Bayreuth-Kulmbach, die Freie Reichsstadt Nürnberg und dann das fränkische Hochstift Würzburg mit Krieg überzog, versuchte der Mainzer Erzbischof, noch durch das Angebot von Geldzahlungen an den Markgrafen das Unheil abzuwenden, aber dieser ließ sich nicht darauf ein. Deshalb sahen es der Kurfürst und das Domkapitel trotz früherer, anders lautender Beteuerungen für notwendig an, am 6. Juli 1552 Mainz zu verlassen.

So nahm das Unheil seinen Lauf. Der Markgraf zog zunächst nach Frankfurt, das er allerdings vergeblich belagerte, dann nach Oppenheim und plünderte das dortige Kaufhaus. Hierauf forderte er Mainz auf, sich dem französischen König zu ergeben, was auch geschah.

Der Markgraf, der die Martinsburg zur Residenz nahm, forderte Geld und die Zerstörung aller Häuser, die in geistlicher Hand waren. So wurden damals u. a. der Bischofshof am Höfchen abgerissen, außerdem die vor den Stadtmauern gelegenen kirchlichen Gebäude, d. h. die Kartause, das Viktorstift, das Albanstift und das Heiligkreuzstift. Schließlich brannte auch noch am 23. August die Martinsburg ab. Nach diesen Zerstörungen musste Albrecht allerdings schon am 28. des Monats Mainz wieder verlassen, da sich die kaiserlichen Truppen näherten. Die zehn Tage Besatzung hinterließen in Mainz

„Aurea Moguntia"; Ansicht der Mainzer Rheinfront auf dem von Franz Behem 1565 gedruckten Almanach

jedoch schwere Schäden, die nie mehr behoben wurden, und sie führten, wegen der Plünderungen, zu einer Verarmung der Stadt. Wertvolle Kunstgegenstände waren gestohlen oder vernichtet, die Klosterbibliotheken z. T. verbrannt oder ausgeraubt worden. Für kurze Zeit führte man damals auch den evangelischen Kultus in Mainz, u. a. auch im Dom, ein. Als die Truppen des Kaisers kamen, wüteten diese ebenfalls plündernd in der Stadt.

In der Reichspolitik konnte Sebastian von Heusenstamm noch Einfluss auf die Geschehnisse im Heiligen Römischen

Reich nehmen. So drängte er auf die Unterzeichnung des den Reichsfrieden herstellenden Passauer Vertrages (1552) durch die beiden Religionsparteien und setzte sich für die Annahme des Religionsfriedens von 1555 ein, der zunächst den konfessionellen Ausgleich brachte. Allerdings starb der Kurfürst vor dessen Abschluss schon am 18. März 1555. Zum Ärger von Hessen wählte das Domkapitel hierauf nicht den lutherisch gesinnten Domherrn Reichart von Simmern, sondern mit knapper Mehrheit den streng katholischen, relativ jungen Daniel von Brendel (1555–1582), der den Augsburger Frieden

als Erster unterzeichnete und den Wiederaufbau der Martinsburg und die Rückverlegung der Hofhaltung von Aschaffenburg wieder nach Mainz beschloss.

Kurfürst Daniel von Brendel bemühte sich außerdem
emsig, das Wirtschaftsleben der Stadt wieder zu verbessern
und förderte deshalb auch den Zuzug von Handwerkern und
Kaufleuten. Im Jahr 1565 wurden sogar mehr als 100 Neubür-
ger aufgenommen. Gleichzeitig konnte sich in der kurfürstlichen Haupt- und Residenzstadt eine neue Mainzer Oberschicht herausbilden, die vielfach eng mit dem Hof bzw. den
Aufträgen des Hofes verbunden waren. Ein entsprechendes
Beispiel war die katholische Druckerei Behem/Albin, die eine
große Rolle in Mainz und darüber hinaus spielte. Behem
druckte u. a. eine Ansicht von Mainz aus dem Jahr 1565 mit
der Überschrift „Aurea Moguntia", die zeigt, welch eine
schöne, türmereiche Stadt dieses „goldene Mainz" damals war,
mit seinen Stadtmauern, Toren, schmucken Häusern und zahlreichen Kirchen.

Jesuiten

Auch wenn Mainz den Eindruck einer durch und durch geistlichen und katholischen Stadt machte, war der Protestantismus in Teilen der Bürger- und Beamtenschaft durchaus
noch verbreitet. Während der oben erwähnte gut katholische
„Mainzer Reformkreis" sehr auf Ausgleich mit den Protestanten eingestellt war, setzte sich der Kurfürst Daniel Brendel von
Homburg, gestützt auf die Bestimmungen des Augsburger
Religionsfriedens und im Zuge der allgemein zunehmenden
Konfessionalisierung im Reich, wesentlich tatkräftiger als
seine Vorgänger für die Durchsetzung des katholischen Be-
kenntnisses im Kurfürstentum ein. Wie überall im Reich spiel-
ten die Jesuiten bei der aktiven Rekatholisierung auch in
Mainz eine zentrale Rolle. Kurfürst Daniel berief deshalb auf
Empfehlung des Kaisers bewusst im Jahr 1561 Jesuiten nach
Mainz. Auf diese Weise kamen im Oktober 1561 sechzehn
Ordensleute unter der Leitung des Paters Lambert Auer in die

Stadt und nahmen zunächst im Haus des Domherrn Julius Pflug Quartier. Sie errichteten sogleich, ähnlich wie in vielen anderen Städten, ein Gymnasium, das zum Kolleg ausgebaut werden sollte. Diese Gymnasien galten damals als besonders gut und attraktiv. So hatte die Mainzer Jesuitenschule schon nach kurzer Zeit 160 Schüler und 1566 sogar 500, obwohl der Kurfürst nach mehreren Schenkungen erst im September 1568 die Gründungsurkunde ausfertigte. Wie überall schickten auch hier die adeligen und bürgerlichen Familien, darunter protestantische, ihre Söhne zu den Patres. Da der Unterricht kostenlos erteilt wurde, stand das Kolleg Jungen aus einfachen Schichten jedoch ebenfalls offen. Bis zum Jahr 1590 steigerte sich die Schülerzahl des Jesuitengymnasiums auf 800. Dies ist angesichts der Mainzer Einwohnerzahl ganz beachtlich.

Aber die Jesuiten wirkten nicht nur im Schulbereich sehr effizient im Dienste der katholischen Reform und im Sinne der Rekatholisierung der Stadt, sondern ebenso in der Universität. Erzbischof Daniel übertrug ihnen nämlich auch die Priesterausbildung und ernannte 1562 gegen den Widerstand der Professoren mehrere Jesuiten zu Inhabern von Theologielehrstühlen. Ab 1572 stellten die Patres der „Gesellschaft Jesu" ferner den Domprediger, obwohl das Domkapitel darüber wenig angetan war. Außerdem entfalteten die Jesuiten durch alle ihre pastoralen Mittel und die intensive Pflege barocker Frömmigkeitsformen die effiziente Vertiefung bzw. Durchsetzung des katholischen Glaubens. Besonders beliebt bei der Bevölkerung waren die Theateraufführungen, die prächtigen Prozessionen und die 1609 gegründeten Marianischen Kongregationen, die neben der typischen katholischen Marienverehrung den häufigen Sakramentenempfang und das tägliche Gebet förderten. Außer der Frömmigkeit und den religiösen Lebensformen wurde auch die Armenfürsorge durch Gründung eines Hospitals und eines „Pestilenzhauses" vorangebracht.

Diese katholische sinnliche Frömmigkeit wurde natürlich vom kalvinistischen Nachbarfürsten Friedrich III. von der Pfalz, der eine ausgeprägt reformierte, die Wortverkündung betonende bilder- und prozessionsfeindliche Frömmigkeit propagierte, als „Affen- und Gaukelwerk" scharf verurteilt. Er verfolgte Pläne, das Erzstift Mainz zu säkularisieren und ergriff Maßnahmen, das geistliche Kurfürstentum wirtschaftlich zu schädigen und militärisch zu bedrohen.

Rekatholisierung und kurfürstliche Politik

Aber Kurfürst Daniel konnte die Stadt und das Kurfürstentum erfolgreich fördern. Zeichen seiner positiv zu sehenden Herrschaft waren der Wiederaufbau der Martinsburg und der Neubau der St. Gangolfkirche sowie die Errichtung eines Gebäudes, um die von ihm geleitete Kanzlei des Reiches unterzubringen. Da sich in der zweiten Hälfte des 16. Jahrhunderts schon die zunehmende Neigung des Adels zur Konversion zum Katholizismus auszuwirken begann und da dieser Trend auch die rheinische Reichsritterschaft erfasste, fingen diese Adelsfamilien an, repräsentative Höfe bzw. Palais in der kurfürstlichen Haupt- und Residenzstadt zu bauen.

Die völlige Rekatholisierung von Mainz und Erzstift wurde allerdings durch den vermittelnden und konfessionell zurückhaltenden neuen Kurfürsten Wolfgang von Dalberg (1582–1601) gebremst. Gerade damals kam nämlich in Mainz durch den Übertritt des Kölner Kurfürsten und Erzbischofs Gebhard Truchsess von Waldburg zum Protestantismus und den darauf folgenden Kölner Krieg Unruhe und Besorgnis auf, ferner durch die Rüstungen Johann Casimirs von der Pfalz, eines aktiven Verbündeten der französischen Hugenotten (Kalvinisten).

Um das religiöse Leben zu vertiefen, zu reformieren und die Disziplin der Kleriker zu straffen, ließ Kurfürst Wolfgang in den Jahren 1594–1598 geistliche Visitationen durchführen. Sie dienten damals in protestantischen wie katholischen Territorien zur Konfessionalisierung und Sozialdisziplinierung der jeweiligen Untertanen. Aber trotz aller Maßnahmen des Kurfürsten, die Kirche in seinem Territorium und in der Stadt Mainz zu reformieren, blieben diese ohne genügend durchgreifenden Erfolg, da der Erzbischof sie nicht mit entsprechendem Nachdruck durchführte. Erst seinem noch recht jungen, energischen Nachfolger Johann Adam von Bicken (1601–1604) gelang es, in seiner kurzen Regierungszeit die katholische Reform durchzusetzen. Jetzt wurde für die Mitglieder des Domkapitels und der kurfürstlichen Beamtenschaft die Anerkennung des tridentinischen Glaubensbekenntnisses verpflichtend und die Protestanten wurden unter Druck gesetzt. Gleichzeitig versuchte man die Bevölkerung durch Belebung und Entfaltung liturgischer Pracht zu gewinnen.

Auch im weltlich-wirtschaftlichen Bereich ergriff der Kurfürst energische Maßnahmen. Um die wirtschaftliche Lage der Stadt zu verbessern, erließ er 1601 eine neue Renten- und Kaufhausordnung. Gleichzeitig ergriff er Maßnahmen, das Leben in Mainz sicherer zu gestalten und das Hochschulwesen zu fördern. Die Universität besaß damals wenigstens teilweise ein beachtliches Niveau. Dreizehn von den 50 Mitgliedern des Jesuitenkollegs lehrten dort Theologie, Philosophie und Humanwissenschaften, darunter namhafte Professoren wie Johannes Busaeus, Martin Becanius, Adam Contzen und Nikolaus Seranius. Letzterer verfasste als Erster eine umfangreiche Geschichte der Stadt Mainz und des Kurfürstentums. Mainz blieb außerdem wie schon zu Zeiten Martin Behems ein wichtiges katholisches Zentrum des Buchdrucks.

Kurfürst Johann Schweikhard von Cronberg (1604–1626) führte die Politik seines Vorgängers, die katholische Religion in Mainz und im Erzstift strikt durchzuführen, fort. Und wie schon Kurfürst Adam fühlte er sich von den kämpferisch-protestantischen Aktionen des Pfälzer Nachbarn bedroht. Als nach der Bildung der Protestantischen Union 1608 unter der Führung Friedrichs IV. von der Pfalz hierauf katholische Fürsten unter der Federführung Maximilians I. von Bayern 1609 die katholische Liga gründeten, trat der Mainzer am 10. Juli dieses Jahres dem Bündnis bei. Um das religiöse Leben der Stadt Mainz weiter zu intensivieren und zu erneuern, förderte er die Orden. Auf seine Veranlassung hin gründeten 1612 die Franziskaner den „großen Konvent" und kamen 1618 die Kapuziner in die Stadt. Außerdem errichtete der Landesherr in der Zeit von 1615 bis 1618 das stattliche Gebäude der „alten

Universität", die heute noch stehende „Domus Universitatis" am Höfchen, damals immerhin der höchste weltliche Bau von Mainz.

Trotz der konfessionellen Spannungen gelang es dem Mainzer Kurfürsten und Reichserzkanzler, 1619 noch die einstimmige Wahl Ferdinands II. zum Reichsoberhaupt, d. h. sogar die Stimmabgabe der Kurpfalz für die Habsburger, zu erreichen. Da aber die protestantischen Landstände Böhmens dort Ferdinand als Landesherrn und König absetzten und den Pfälzer Kurfürsten Friedrich V., das Haupt der Protestantischen Union, zum böhmischen König wählten, war ein religiös motivierter Reichskonflikt nicht mehr aufzuhalten.

Dreißigjähriger Krieg und schwedische Herrschaft

Zunächst begann deshalb der Mainzer Kurfürst, seine Haupt- und Residenzstadt für den drohenden Krieg zu rüsten, d. h. er ließ die Wein- und Biersteuer erhöhen, um Verteidigungstruppen besolden zu können und die Stadtmauern in guten Stand zu setzen. In der Tat rückten Soldaten der Markgrafschaft Ansbach und des Herzogtums Württemberg, Mitglieder der Protestantischen Union, in Richtung Mainz vor und plünderten schon in mehreren Dörfern, die, bei Frankfurt gelegen, zum Kurfürstentum gehörten. Sie wurden jedoch von spanischen Truppen vertrieben. Unter der Führung des kaiserlichen Feldherrn, des Spaniers Ambrosius Spinola, waren nämlich Truppen aus den spanischen Niederlanden erobernd rheinaufwärts gezogen und hatten nach und nach eine kurpfälzische Stadt links des Rheins nach der anderen besetzt. Obwohl das Kurfürstentum Verbündeter war und die Stadt Mainz einen Schutzbrief erhielt, erwies sich die spanische Militärmacht, die sich um Mainz herum aufhielt, als für das Umland sehr drückend. Eine gewisse Entspannung brachte dann der Mainzer Vertrag von 1621, Ruhe am Mittelrhein trat aber erst nach dem Sieg des Liga-Generals Tilly über Christian von Braunschweig in der Schlacht bei Höchst am 19. Juni 1622 ein.

Zur Verteidigung von Mainz hatte man inzwischen die

Schweikardsburg auf dem Jakobsberg aufgebaut und errichtete 1623 Stellungen für Geschütze am Rhein. Da damals die katholische Seite seit der Schlacht am Weißen Berg 1620 im Krieg dominierte, war Mainz relativ sicher, ja beim Tod des Kurfürsten Johann Schweikhard im September 1626 schien sogar der Friede in Reichweite zu sein.

Angesichts des katholischen Übergewichts betrieb der neue Mainzer Kurfürst Georg Friedrich von Greiffenklau (1626–1629) die Sicherungsmaßnahmen für die Stadt nur recht lässig und begann sogar mit dem Bau des neuen kurfürstlichen Schlosses am Rhein. Er glaubte nämlich an den baldigen Friedensschluss und sah beim 1627 von ihm einberufenen Kurfürstentag nur noch Wallenstein, den Generalissimus Kaiser Ferdinands II., als Haupthindernis für einen dauerhaften Frieden. Als Wallenstein und Tilly im Niedersächsischen Reichskreis allerdings wichtige Siege davontrugen, der Kaiser auf dem Höhepunkt seiner Macht stand, mit dem Restitutionsedikt von 1629 die streng katholische Rechtsposition vertrat und die Rückgabe aller seit dem Passauer Vertrag von 1552 säkularisierten Hochstifte und Klöster mit deren Besitz forderte, stand der Mainzer voll zu dieser Rekatholisierungspolitik. Doch überschätzte Ferdinand II. seine Machtstellung und rief mit diesem Edikt den empörten Widerstand aller protestantischen Fürsten und Reichsstädte hervor, denen gewaltige Vermögensverluste drohten. Aber auch die katholischen Fürsten fürchteten um die Erhaltung ihrer Libertät.

Zum neuen Kurfürsten gewählt, betrieb Anselm Casimir von Umbstadt (1629–1647), so wie Maximilian I. von Bayern, beim Kurfürstentag in Regensburg im Sommer 1630 die Absetzung Wallensteins, die Ferdinand II. schließlich zugestand. Doch damit trug der Kurfürst, der in der Restitutionsfrage eine harte Linie vertrat, ungewollt zum bald über seine Residenzstadt hereinbrechenden Unglück bei; denn Gustav Adolf von Schweden, der seine Machtstellung auf den ganzen Ostseeraum ausdehnen und gleichzeitig den Protestantismus in Deutschland retten wollte, war im Juli 1630 in Pommern mit seinen schlagkräftigen Truppen gelandet und errang wegen der entscheidenden Schwächung der kaiserlichen Armee Sieg für

Sieg. Im Oktober 1631 besetzte er schon das kurmainzische Erfurt und am 22. November des gleichen Jahres die kurfürstlich-mainzische zweite Residenzstadt Aschaffenburg. Die Eroberung von Mainz war nur noch eine Frage der Zeit, obwohl der Kurfürst Befestigungsmaßnahmen durchführen ließ und die Stadt in Verteidigungsbereitschaft versetzte.

Nachdem viele Adelige und Geistliche und schließlich am 18. Dezember 1631 Anselm Casimir selbst vor den anrückenden Schweden nach Köln geflohen waren, standen diese am 19. Dezember vor Mainz und forderten dessen Übergabe, die zunächst abgelehnt wurde. Nach Beschießung und drohender Eroberung kapitulierte allerdings die Stadt schon am 23. Dezember. Um die Plünderung sowie die Vertreibung der Bewohnerschaft abzuwenden, mussten die Bürger 80 000 Reichstaler und die Geistlichen der Stadt weitere 81 000 Reichstaler aufbringen, eine sehr hohe Summe. Außerdem quartierten die Schweden 16 000 Soldaten in Mainz ein, die dort zwölf Wochen lang verköstigt werden mussten. Schon am 24. Dezember 1631 zog König Gustav Adolf mit großem Gepränge in die Stadt ein, ließ sogleich einen lutherischen Dankgottesdienst und ein Fest abhalten. Zum ersten Mal gab es somit einen lutherischen Stadtherren, der sich sogleich als neuer Landesherr huldigen ließ. Während der König die Martinsburg bezog, wies er dem Kurfürsten von der Pfalz die Kanzlei als Residenz zu.

Offensichtlich hatte Gustav Adolf Pläne, Mainz zur Hauptstadt eines von ihm regierten „evangelischen Deutschlands" zu machen. In Stadt und Erzstift richtete der schwedische König deshalb eine neue evangelische Verwaltung ein. Als er im März 1632 Mainz wieder verließ, ernannte er den Rheingrafen Otto Ludwig zum Oberstatthalter des Rheinkreises, während Pfalzgraf Christian von Birkenfeld und Herzog Bernhard von Weimar Oberbefehlshaber der schwedischen Truppen am Rhein wurden. Für die geplagte Bürgerschaft von Mainz bedeutete die schwedische Herrschaft den Ruin. Alle leer stehenden Klöster und Häuser wurden konfisziert, die Bibliotheken geplündert und die Bewohner finanziell ausgepresst. Immerhin blieb der Stadtrat erhalten, der nun sogar

Im Jahr 1632 in Mainz geprägter Dukat des schwedischen Königs Gustav Adolf

versuchte, mehr Rechte und Freiheiten zu bekommen. Der schwedische Reichskanzler versprach auch, Mainz bei entsprechendem Wohlverhalten „aus einem Pfaffennest … zu einer Stadt zu machen". Während nun seit 1633 der schwedische Rat Johannes Günther als Stadtschultheiß den Stadtrat leitete, errichteten die schwedischen Behörden eine lutherische Gemeinde. Evangelische Pfarrer predigten nun in der Jesuitenkirche und seit 1634 in St. Quintin. Obwohl es damals trotz garantierter Religionsfreiheit opportun gewesen wäre zu konvertieren, blieben die Mainzer mit ganz wenigen Ausnahmen katholisch.

Während die Stadt unter den immer drückender werdenden finanziellen Belastungen litt, war man auch mit der 1632 ausbrechenden und die ganze Schwedenzeit über andauernden Pest konfrontiert, die unter den Einwohnern und Besatzungssoldaten ebenso wütete wie bei der neuen Oberschicht. Sogar den Winterkönig Friedrich V. von der Pfalz raffte die Seuche hinweg.

Die Schweden prägten in Mainz nicht nur Münzen, sondern sie bauten die Stadt zur damals modernen Festung aus und errichteten seit Februar 1633 auf der Mainspitze die „Gustavsburg". Zu den Arbeiten wurden u. a. auch die Mainzer herangezogen. Als die Schweden am 6. September 1634 gegen die Kaiserlichen die Schlacht bei Nördlingen verloren, war auf das Ende der schwedischen Herrschaft zu hoffen. Aber zunächst blieb die gut befestigte Stadt ein schwedisches Bollwerk, denn der geschlagene Bernhard von Weimar begab sich Ende November mit 18 000 Mann in die Stadt, um diese zu verteidigen und die Kaiserlichen am Vormarsch zu hindern. Versuche zweier Mainzer Einwohner, im Kontakt mit den Gegnern der Schweden die Stadt überrumpeln und besetzen zu lassen und auf diese Weise eine leidvolle Belagerung zu verhindern scheiterten, und die Schweden enthaupteten die beiden „Verräter" auf dem Marktplatz. Nach längerer Belagerung schloss endlich der Kommandant am 17. Dezember 1635 einen Vertrag zur Übergabe der Stadt. Hierauf zog das durch Seuchen und Desertionen auf 1000 Mann reduzierte schwedische Kontingent ab. Mainz war damals verarmt, ruiniert, die Bevölkerung durch Pest und Hunger dezimiert und ein beträchtlicher Teil der Häuser lag zerstört da.

Nun konnten der Kurfürst, sein Hof und die mainzische Verwaltung wieder zurückkehren und der alte Stadtrat sich rekonstituieren. Man besserte die lückenhaft gewordenen Festungsmauern aus und versuchte den Wiederaufbau der Stadt notdürftig zu organisieren.

Obwohl in der Umgebung von Mainz immer wieder Kämpfe und Plünderungen durchgeführt wurden, blieb die stark mitgenommene Stadt für einige Jahre von fremder Besatzung verschont. Während Anselm Casimir zusammen mit den anderen Kurfürsten den Frieden mit den Franzosen erstrebte, konnte er nicht verhindern, dass französische Truppen vor Mainz auftauchten und floh nach Frankfurt. Mainz musste kapitulieren und das Domkapitel schloss in Vertretung des Landesherrn mit den Franzosen im September 1644 ein Übereinkommen, um die Besetzung in geordnete Bahnen zu leiten. Trotzdem wurde das durch den Krieg schon darniederliegende Mainz viel stärker als vereinbart zu Zahlungen und Einquartierungen herangezogen. Es gab zwar bereits seit langem Friedensverhandlungen, aber noch keinen Frieden – den der Kurfürst auch nicht mehr erlebte. Nach seinem Tod am 9. Oktober 1647 wählte das Domkapitel unter französischem Einfluss im November des gleichen Jahres als Nachfolger den Fürstbischof von Würzburg, Johann Philipp von Schönborn (1647–1673), einen besonders strikten Verfechter eines Kompromissfriedens mit den Protestanten.

Nach dem Krieg

Obwohl der Friede am 24. Oktober 1648 abgeschlossen worden war, blieb Mainz noch bis 6. Juli 1650 besetzt, so dass erst jetzt mit dem Wiederaufbau der zur Hälfte zerstörten sowie verarmten Stadt begonnen werden konnte. Dieser wurde vom neuen Kurfürsten stark gefördert. Während er sich den Protestanten gegenüber relativ tolerant zeigte, ließ er für die jüdische Bevölkerung 1662 das Ghetto einrichten. Es galt nun, die vom Krieg beschädigte und entvölkerte Stadt wieder hochzubringen. Dazu gehörte auch die Anwerbung neuer Bürger. So zogen in der zweiten Hälfte des 17. Jahrhunderts viele Kaufleute und Krämer, Handwerker und Arbeiter aus dem dicht besiedelten Norditalien nach Mainz, die der Stadt teilweise ein neues Gepräge gaben. Um das Bürgertum zu stärken und zu fördern, erließ der Kurfürst die „Ordnung vom 6. Februar 1660“, die allerdings die starke Abhängigkeit der Bürger von der kurfürstlichen Verwaltung und der Hofkammer aufrechterhielt.

Johann Philipp, ein bedeutender und vorausschauender Herrscher, ergriff schon relativ früh Maßnahmen gegen das Hexenunwesen. Dieser Kurfürst, der den Jesuiten Friedrich Spee, einen frühen Kämpfer gegen die Hexenverbrennungen, kennen gelernt hatte, war nämlich „der erste deutsche Fürst“, der weitgehend die Hexenprozesse „in seinen Landen eingestellt hat“ (Mathy). Außerdem förderte er, so gut es ging, den Wiederaufbau und den modernen Ausbau der Stadt. In dieser Zeit entstand 1668–1670 der Schönborner Hof am heutigen Schillerplatz, errichtet von Johann Philipps Bruder Franz Erwein. Der Kurfürst baute außerdem Mainz zur wichtigen Festung des Reiches mit Bastionen und Zitadelle aus, ein kostspieliges Unternehmen, das unter seinen Nachfolgern u. a. mit Hilfe des berühmten fränkischen Architekten und Festungsbaumeisters Maximilian von Welsch fortgesetzt wurde. Auch auf religiösem Gebiet leistete der Kurfürst, der aus einer im Hessischen ansässigen Reichsritterfamilie stammte und noch evangelisch getauft worden war, Großes zur Festigung des Katholizismus. Er berief u. a. neue Orden, förderte die Schulen und besonders auch die Jesuiten, deren Kolleg, Theateraufführungen und Volksmission, und die Universität. Einerseits trat er für Mäßigung und einen gewissen Ausgleich mit den Protestanten ein – unterstützte z. B. Protestanten wie den jungen Leibniz –, andererseits scharte er aber auch einen großen Kreis von Konvertiten um sich (G. A. Volusius, L. v. Hörnigk, J. C. v. Boineburg u. a.), so dass Mainz zum besonderen Zentrum des Katholizismus, aber auch der interkonfessionellen Gespräche der Zeit wurde.

Mainz als Sitz des Reichserzkanzlers – eine der Hauptstädte des Reiches

Eine wichtige Rolle übte der in Mainz residierende Kurfürst auch als Reichserzkanzler für Germanien und zweiter Mann im Reich aus. Mainz, seine kurfürstliche Residenz und der daran anschließende (Reichs-)Kanzleibau zählten damals bis zur Herrschaft der Franzosen, die 1792 begann, zu den wichtigsten Zentralorten, d. h. den Hauptstädten des Heiligen Römischen Reiches.

Als bedeutendste Funktionen des Reichserzkanzlers wären zu nennen, erstens die Kaiser- oder Königswahl in Frankfurt zu leiten und auch nach der Wahl das Krönungshochamt zu zelebrieren und dem neuen Reichsoberhaupt die schmuckvolle, mit Bügel und Kreuz ausgestattete Reichskrone zusammen mit den anderen geistlichen Kurfürsten aufzusetzen. Zweitens konnte der Reichserzkanzler das Personal der fast immer in Wien sitzenden Reichshofkanzlei ernennen. Das bedeutete, dass er die Reichskanzleiordnungen verfasste und dass in der Reichskanzlei alle Schreiben, die der Kaiser als Reichsoberhaupt wegschickte, ausgefertigt wurden. Diese Schreiben zeichneten der Kurfürst, der Reichsvizekanzler oder ihr Vertreter gegen. Ferner bewahrte die Reichskanzlei das kaiserliche Siegel auf und führte das Reichsarchiv.

Zitadelle mit Kommandantenbau

Schließlich hatte Kurmainz das Direktorium auf dem Immer-
währenden Reichstag inne, eine Art Präsidentschaft dieses
Staatenhauses, die mit einer, allerdings permanenten, Präsidentschaft unseres heutigen Bundesrates verglichen werden
könnte.

Die barocke Residenzstadt

Johann Philipp hat all diese Funktionen, wie A. Gotthard zeigt,
besonders wirkungsvoll und aktiv ausgeübt. Als er am 12. Februar 1673 starb, regierten innerhalb der nächsten sechs Jahre
nicht weniger als drei Kurfürsten als Mainzer Stadtherren, die
wegen ihrer kurzen Regierungszeit allerdings nur wenige
Spuren hinterließen. Dies änderte sich unter Anselm Franz
von Ingelheim (1679–1695), mit dem u. a. der Barockstil nach
Ansätzen in der Zeit Johann Philipps Einzug hielt. Kirchen

wurden dementsprechend umgestaltet, neue Puder- und Perückenmoden übernommen und das kirchlich bestimmte Zunftwesen durch eine neue Ordnung von 1685 ergänzt. Trotz vieler Probleme, des Ausbruchs einer Pestepidemie 1666 und des Pfälzischen Erbfolgekrieges (1688–1697), konnte sich die Bevölkerung von 1648 bis 1700 auf fast 14 000 Einwohner verdoppeln.

Unter dem Kurfürsten Lothar Franz von Schönborn (1695–1729), einem typischen Barockfürsten, wurde Mainz dann zu einer zunehmend prächtigen Barockstadt umgewandelt. Man fing an, repräsentative Adelspalais im neuen Stil zu errichten, aber auch Bürger, Hofbeamte und Professoren bauten Häuser im Barockstil und es entstanden neue großzügige Straßenzüge, wie die Große und die Mittlere Bleiche. Ein besonderes Schmuckstück der Stadt war die von Lothar Franz in Auftrag gegebene Favorite, „eines der großartigsten Schlösser und Gartenanlagen am gesamten Rheinstrom" (Mathy), von dem leider nach der Zerstörung von 1793 nichts mehr erhalten blieb. Der Kurfürst förderte zudem die Armenfürsorge (Waisenhaus, Rochusspital) und das Gesundheitswesen der Stadt.

Unter den kurfürstlichen Nachfolgern Franz Ludwig von Pfalz-Neuburg (1729–1732) und Philipp Karl von Eltz (1732–1743) wurde Mainz weiter zur barocken Stadt ausgebaut. Damals entstanden u. a. das Neue Zeughaus, das Deutschhaus, wo heute der Landtag untergebracht ist, oder der Erthaler Hof. Es lebten in dieser Zeit nämlich viele mächtige und reiche Adelige in der Stadt, die im Dienst des Kurfürsten standen, als Domkapitulare über reiche Pfründen verfügten oder als hohe Beamte des Kurstaates fungierten oder Höflinge waren. Der Hofstaat umfasste in der zweiten Hälfte des 18. Jahrhunderts immerhin 185 bis 397 Stellen. Die führenden adeligen Höflinge bauten eigene Palais und alle hatten ein ausgeprägtes Repräsentationsbedürfnis. So konnte die Stadt finanziell in starkem Maße vom Klerus sowie von den mit dem Domkapitel verwandten adeligen Familien und vom Hof profitieren. Weiterhin erhielt sie Zuwachs durch Zuwanderung und Einbürgerungen. Um 1750 zählte Mainz schon 25 000 Einwohner.

Die Favorite, genannt „Petit Marly", mit Kaskade (ab 1717 errichtet).
Kupferstich von Salomon Kleiner (um 1720)

Als Reichserzkanzler musste der Mainzer Kurfürst und Stadtherr im Reich, wie erwähnt, vor allem bei den Kaiserwahlen und -krönungen in der benachbarten Reichsstadt Frankfurt repräsentieren. Dafür war eine große Zahl von Karossen und Kutschen und eine noch größere Anzahl von Pferden nötig. Deshalb ließ Kurfürst Emmerich Joseph von Breidbach-Bürresheim (1763–1774) zwischen Großer und Mittlerer Bleiche einen riesigen Marstall mit Reitschule errichten, in dem sich heute das Landesmuseum befindet.

Während die Stadt immer mehr wuchs, viele neue Einwohner, darunter auch Großkaufleute wie Mitglieder der später für das deutsche Geistesleben wichtigen Familie Brentano aus Norditalien, aufnahm und eine dynamische Entwicklung in Wirtschaft, Handel und Gewerbe erlebte, gab es auch damals Katastrophen, so eine Überschwemmung der Stadt im Jahre 1784, so hoch wie seit dem 16. Jahrhundert nicht mehr.

Wegen des schlimmen Hochwassers musste man damals große Teile der Stadt evakuieren, ja sogar Kurfürst Friedrich Karl von Erthal (1774–1802) musste seine Residenz verlassen und in den Kommandantenbau der Zitadelle flüchten.

Schon unter seinem Vorgänger hatte sich in Mainz zunehmend die neue Geisteshaltung der Aufklärung entfaltet. Dies wirkte sich einerseits auf die Politik der Landes- und Stadtherren aus, die sich um bessere Hygiene und gesündere Lebensbedingungen, ferner die Armenreform von 1786, kümmerten und größere Toleranz den Juden gegenüber walten ließen. Außerdem wurden die von Aufklärungsgedanken geprägten Societäten, trotz ihrer teilweise antikirchlichen Haltung, in dieser geistlichen Residenzstadt freizügig geduldet, so verschiedene Freimaurerlogen, denen Bürger, adelige Hofbeamte und hohe Geistliche angehörten, aber auch die Illuminaten, ein recht radikaler Freimaurerorden, dem neben Domherren, Geistlichen, Beamten und Advokaten sehr einflussreiche Persönlichkeiten angehörten, wie der Statthalter von Erfurt, ab 1787 Koadjutor und 1802 Nachfolger Erthals, Karl Theodor von Dalberg. Dieser war eng mit dem Illuminaten Karl Joseph Hieronymus Kolborn, dem Dekan des St. Stephanstiftes, verbunden.

Die Juden im Mainz der frühen Neuzeit

In der frühen Neuzeit lebten in Mainz, von der Obrigkeit stark reglementiert, Juden, deren Gemeinde mit der Zeit, besonders nach dem 30-jährigen Krieg, allmählich anwuchs. 1644 zählte man z. B. 40 jüdische Hausbesitzer und Mieter, ferner 15 Untermieter, während es 1782 genau 774 jüdische Einwohner in Mainz gab, 1788 schon 840.

Wohnten die Juden bisher in Häusern, die sich in verschiedenen Stadtvierteln befanden, so bestimmte Kurfürst Johann Philipp von Schönborn im Jahre 1662, dass die jüdischen Familien unter Reduzierung ihrer Zahl in speziellen Gassen, also in einem Ghetto zusammenleben sollten, das sich im Bereich der heutigen Klarastraße, der Vorderen Synagogenstraße und der Löwenhofstraße bei der Landesbank befand. Dem waren heftige Klagen der Mainzer Zünfte über die jüdische Konkurrenz vorangegangen. Beim Ghetto handelte es

Das prachtvolle Barockportal der Augustinerkirche
(2. Hälfte des 18. Jahrhunderts)

זְמִרֹת וְשִׁירִים וּתְפִלֹּות אֲשֶׁר נֶחֱבְּרוּ
וְנִתְפַּלְּלוּ ·בְּבֵית הַכְּנֶסֶת שֶׁל קְהַל מֶנְצָא
יע״א ·בְּיוֹם ג׳ כ״ד לְיֶרַח תַמּוּז הֻרְכְּבוֹ לְמִסְפַּר
בְּנֵי יִשְׂרָאֵל ·הוּא הַיּוֹם אֲשֶׁר בּוֹ הֻוּקַב
אֲדוֹנֵנוּ הַשַּׂר הַגָּדוֹל וְהֶחָסִיד עֵץ הָאֶרֶץ
עֶמְרִיךְ יָאסֶעפֿף לְבֵית בְּעֶרְטָה
הַגְּמוֹן וְדוּכָס בּוֹרֵר מִמֶּנְצָא עַל כִּסֵּא
הַהֶגְמוֹנִית ·וְשֵׁם אֲדוֹנֵנוּ ר—שׁוֹם .
בָּאוֹתִיּוֹת הָרִאשׁוֹנֹת מִן הַחֲרוּזִרֽ :

Glückwunschpredigt
des Rabbiners Moses
Brandeis auf Kurfürst
Emmerich Joseph
nach dessen Wahl
1763

sich im Wesentlichen um die vordere (geschlossene) Judengasse, wo sich die Synagoge befand, und die hintere (offene)
Judengasse, die im Laufe der Zeit immer dichter bebaut wurden. Dadurch war man gezwungen, relativ hohe, schmale,
verschachtelte Häuser mit Hinterhäusern zu errichten. Was
das Ghetto, so schreibt G. Klosterberg, „jedoch am deut-
lichsten kennzeichnete, waren Tore, Wachhaus und Mauern,
die es von der Umwelt abgrenzten." Die jüdische Gemeinde
war weitgehend autonom, besaß ein eigenes Siegel, einen
Gemeindevorstand und einen Schultheißen (Parnas Hacho-
desch), der für Rechtsstreitigkeiten unter Juden zuständig
war. Er leitete auch die Finanzverwaltung der Gemeinde, die
selbständig die Steuern erhob, die an den Kurfürsten zu
zahlen waren. Wie F. Schütz betont, war das Vereinswesen

(Beerdingungsbruderschaft, Krankenverein u. a.) „ausgesprochen rege".

Nach Lockerungen der Restriktionen gegen jüdische Mitbewohner im Jahre 1784, der Teilnahme weniger Juden am Jakobinerclub und der Ausweisung vieler in der Mainzer Republikzeit, wurden 1798 die Tore des Ghettos eingerissen. Trotzdem blieben zahlreiche Juden in ihren alten Gassen, andere siedelten sich verstreut im ganzen Stadtgebiet an. Es begann nun eine Entwicklung, die später zur Emanzipation führte.

Besondere kulturelle Blüte am Ende der Kurfürstenzeit

Als Haupt- und Residenzstadt des verfassungsrechtlich wichtigsten Kurfürsten und einflussreichsten Metropoliten des Alten Reiches erlebte Mainz gerade noch in den letzten Jahrzehnten und Jahren der kurfürstlichen Zeit eine ganz besondere kulturelle Blüte. Dies galt nicht nur für die Universität, sondern auch für das gesamte Bildungswesen. Das mit etwas über 303 000 Einwohnern nur als kleinerer Mittelstaat einzustufende geistliche Kurfürstentum unterhielt neben der doppelkonfessionellen Universität in Erfurt auch eine in Mainz. Dies war im deutschen Vergleich eine enorme Leistung, wenn man bedenkt, dass Kurbayern mit 1,2 Millionen Einwohnern lediglich eine Universität und Brandenburg-Preußen mit 6 Millionen nur fünf Universitäten besaßen.

Für die damaligen Verhältnisse war die Universität in der größtenteils katholischen Stadt Mainz relativ tolerant. Zumindest theoretisch konnten schon seit Kurfürst Friedrich Karl von Ostein (1743–1763) auch Nichtkatholiken Professoren werden. In der Realität dauerte es allerdings bis in die 1780er-Jahre, bis wirklich Protestanten wie Georg Forster (s. S. 87) oder Georg Wedekind eingestellt wurden. Wie beachtlich dies für die Zeit war, geht schon aus der Tatsache hervor, dass in den preußischen Universitäten Halle und Königsberg in den Statuten bis 1918 vorgeschrieben war, dass dort keine Katholiken angestellt werden dürften.

Wie heutzutage bestand auch damals das große Problem,

wie man die Universität genügend finanzieren könne, um ein hohes Niveau der Studien zu gewährleisten. Um dies zu erreichen und entsprechende kostenträchtige Reformen durchführen zu können, schuf Kurfürst Friedrich Karl von Erthal (1774–1802) einen besonderen „Universitätsfonds". Zu diesem Zweck hob er drei Mainzer Klöster auf, die Kartause, Altmünster und Reichklara, und übertrug deren Besitz und Einkünfte diesem Fonds – ein Fonds, der übrigens noch heute existiert und die gegenwärtige Universität Mainz zu einem der größten Grundbesitzer des Landes Rheinland-Pfalz macht. Immerhin ließ sich der Kurfürst diese Klostersäkularisation ganz offiziell von Kaiser Joseph II. (1765–1790) und von Papst Pius VI. (1775–1799) genehmigen und ausdrücklich billigen. Angesichts des nun vorhandenen Geldpolsters konnte Erthal 1784 zwei neue Fakultäten gründen. Zu den vier bisherigen klassischen Bereichen Theologie, Philosophie, Jurisprudenz und Medizin kamen eine kameralistische (wirtschaftswissenschaftliche) und eine historisch-statistische Fakultät. Durch die Schaffung dieser zusätzlichen, damals sehr modernen Fakultäten konnte es die Universität Mainz mit der damals fortschrittlichsten Universität Deutschlands, mit der von Göttingen, aufnehmen und war auf dem Wege, die führende katholische Universität im Heiligen Römischen Reich zu werden. Die Studentenzahl in Mainz stieg immerhin vom Jahr 1783 bis zum Jahr 1786 von 440 auf 727 an.

Aber nicht nur die Universität erlebte in diesem Jahrzehnt einen Aufschwung, sondern auch das Schulwesen. In diesem Bereich versuchten die Kurfürsten Emmerich Joseph (1763–1774) und Friedrich Carl Joseph eine für die damalige Zeit vorbildliche Struktur zu schaffen. Im Jahr 1775 führte man die Schulpflicht für Jungen und im Jahr 1780 die der Mädchen ein. Vier Jahre später, also im Jahr 1784, beschloss man auch – für die Zeit durchaus sehr fortschrittlich – die Aufnahme jüdischer Schüler in die Landschulen. Außerdem schuf Friedrich Carl Joseph von Erthal eine „Normalschule" für die Ausbildung der Lehrer. Das Schulwesen in Mainz und im Kurfürstentum konnte sich somit im Vergleich zu dem vieler anderer Reichsterritorien durchaus sehen lassen.

Das gleiche galt für andere kulturelle Bereiche wie etwa das Theaterwesen und die Musikpflege, die in späteren Zeiten wohl nie wieder so intensiv mit Leben erfüllt und gefördert wurden wie in den letzten Jahrzehnten der kurfürstlichen Zeit. So gründete Erthal ein spezielles Nationaltheater, wo man in erster Linie deutschsprachige Stücke des Sprach- und Musiktheaters aufführte. Dies galt z.B. für mehrere Mozartopern, die man in deutschsprachiger Fassung brachte. Eindrucksvoll bleibt außerdem die ungeheure Zahl von Konzerten. Die Hofmusik wurde zunehmend personell verstärkt und wuchs bis 1790 auf 32 Musiker an, die pro Jahr etwa 120 Orchesterkonzerte, davon 80 in Mainz und 40 in der Zweitresidenz, in Aschaffenburg, aufführten. Dazu wurden zusätzlich intensiv die Kammermusik und natürlich auch die Kirchenmusik in dieser geistlichen Haupt- und Residenzstadt, dieser Metropole mit den zahlreichen Kirchen, gepflegt. Das galt für Fest- und Instrumentalmessen, für Oratorien, Andachtsmusik, Vespern und vieles andere.

Probleme nach Ausbruch der Französischen Revolution

Nach dem Ausbruch der Französischen Revolution 1789 wurde das kurfürstliche Mainz zunehmend von den sich ausbreitenden, das Alte Regime ablehnenden Gedanken, aber noch mehr von den bald nach Osten marschierenden gewaltigen französischen Truppen bedroht. Im Inneren zeigte sich die Gefährdung durch den so genannten „Knoten-(= Knüppel)aufstand", der sich aus Schlägereien zwischen Studenten und Handwerksburschen zu einem Handwerkeraufstand gegen die kurfürstliche Regierung in der Stadt entwickelte und erst mit Hilfe von Truppen anderer Territorien niedergeschlagen werden konnte.

Einen letzten Höhe- und Glanzpunkt der kurfürstlichen Herrschaft erlebte Mainz nach der Krönung des letzten Kaisers des Heiligen Römischen Reiches, Franz II., in Frankfurt, da der Kaiser und mehrere Fürsten sich im Anschluss daran im Juli 1792 in Mainz zum Fürstenkongress versammelten. Es sollen damals etwa 10 000 Fremde in Mainz gewesen sein, so dass alle Gasthäuser und Privathäuser mit Menschen aus den verschiedensten Gegenden bevölkert waren. Die Stadt Mainz wurde noch einmal, so schreibt der Zeitgenosse Georg Forster, „der Sammelplatz von allem, was in Deutschland teils wichtig ist, teils sich wichtig dünkt, von gekrönten Häuptern, Fürsten, Ministern, Gesandten und einem zahlreichen Adel".

Wie zu solchen Kongressen damals üblich, gab es zahlreiche Feste, Diners, Bälle, Konzerte, Illuminationen und Feuerwerke, durchaus zur Freude der Bewohner der Stadt. Hier glänzten zum letzten Mal auch besonders die Favorite und ihre Gärten. „Das letzte große Fest des kurfürstlichen Mainz, bei dem die Favorite ihre besondere Rolle spielte", so schreibt dazu Helmut Mathy, „nimmt sich noch einmal bombastisch aus, so, als wäre die barocke Schaustellung auf ihrem Höhepunkt angelangt, bevor sie in den Stürmen der Revolution und der Durchsetzung ihrer Prinzipien unterging …". Wenige Wochen später standen französische Truppen in Mainz.

Unter französischer Herrschaft (1792–1814)

Revolutionäre Gedanken und französische Besatzung

In der Stadt hatte es schon seit den revolutionären Ereignissen in Frankreich im Jahre 1789 Sympathisanten der Revolution sowie der Menschen- und Bürgerrechtserklärung gegeben, wie Johannes von Müller und Georg Forster. Aber auch die Handwerker, die 1790 den an sich konservative Ziele verfolgenden „Knotenaufstand" durchgeführt hatten, bedienten sich schon revolutionärer Symbole. Vor allem jedoch an der Universität und bei den ehemaligen Illuminaten breitete sich Revolutionsbegeisterung aus.

Georg Forster (1754–1794)

Der wohl bekannteste und herausragendste in Mainz wirkende Revolutionär war der am 25. November 1754 in Nassenhuben bei Danzig geborene Schriftsteller, Weltreisende, Universalgelehrte und Bibliothekar Johann Georg Forster. Er nahm nicht nur an Reisen durch Russland und England, sondern auch an der 2. Weltumsegelung (1772–1775) von J. Cook teil, wurde 1778 Professor in Kassel, 1784 bis 1787 in Wilna und 1788 leitender Universitätsbibliothekar in Mainz. Der von der Aufklärung geprägte Protestant und Jakobiner wurde nach der französischen Besetzung in Mainz politisch aktiv, und zwar als Mitglied des Jakobinerklubs und Vizepräsident des rheinisch-deutschen Nationalkonvents (s. u.). Nach der Rückgewinnung der kurfürstlichen Residenzstadt Mainz geächtet, emigrierte er nach Frankreich und machte von dort aus durch Veröffentlichungen verschiedener Schriften Werbung für die Ideen der Revolution. Er starb am 10. Januar 1794 in Paris.

Nach dem Misserfolg der alliierten Truppen bei Valmy am 20. September 1792 rückten die Franzosen unaufhaltsam gegen Osten vor. Ende September waren sie schon in Speyer, am

4. Oktober in Worms. Voller Panik flohen der Kurfürst, die Domherren und der Adel mit ihren Bediensteten, im Ganzen mehrere tausend Einwohner, aus der Stadt. Am 18. Oktober war es dann soweit, die französische Vorhut stand vor Mainz, das ohne Widerstand kapitulierte und am 21. Oktober an den Befehlshaber der hier angekommenen Revolutionsarmee, General Custine, übergeben wurde. Wieder waren zahlreiche fremde Soldaten, d. h. mit 20 000 Mann mehr als die in Mainz gebliebenen Einwohner, zu beherbergen und verpflegen. Bald gab es hygienische Probleme und Versorgungsengpässe, aber auch wirtschaftliche Vorteile für Wirte und manche Handwerker, die mit den Franzosen gute Geschäfte machten. Custine, der sich als revolutionärer Befreier gab und fürstlich mit seiner Mätresse im kurfürstlichen Schloss residierte, konnte sich bald auf eine republikanische, profranzösische Parteiung in Mainz stützen. Es kam zur „Mainzer Republik", die von vielen als erstes modernes demokratisches Gemeinwesen in Deutschland, als eine Vorgängerin unserer heutigen Demokratie, bezeichnet wird.

Die Mainzer Republik 1792/93

Im Akademiesaal der Residenz wurde am 23. Oktober 1792 die Gründungsversammlung für den Mainzer Jakobinerclub, die so genannte „Gesellschaft der Freunde der Freiheit und Gleichheit" abgehalten. Mitglieder wurden 20 Mainzer, welche die Stadt nach den Freiheitsgrundsätzen der Revolution zur Republik umwandeln wollten. Sie erklärten dem Publikum die Prinzipien der Demokratie, riefen zur Revolution und zum Anschluss an Frankreich auf. Gleichzeitig wurde in den revolutionären Presseorganen und in Flugschriften emsig Propaganda für die Revolution betrieben, außerdem pflanzte man so genannte Freiheitsbäume als Symbole des neuen Geistes, so etwa am Höfchen. Immerhin traten neben Professoren und Akademikern auch Handwerker und andere Bürger dem Klub bei, der Mitte November 1792 knapp 400 Mitglieder zählte, allerdings schon im Februar 1793 wieder auf 150 zurückfiel.

Sitzung des Mainzer Jakobinerklubs im Akademiesaal des Schlosses.
Federzeichnung von Johann Jakob Hoch – Mainz, Landesmuseum

Trotzdem schätzt Franz Dumont diese Zahlen (bei etwa 7000
Berechtigten) als relativ hoch ein.

Wenn auch im Klub mit 45% das Kleinbürgertum zahlen-
mäßig die größte Gruppe ausmachte, dominierten bei den Ent-
scheidungsträgern doch die Intellektuellen, wie der Mathe-
matikprofessor und ehemalige Illuminat Mathias Metternich
und der Medizinprofessor Georg Wedekind, die Extheologen
Anton Joseph Dorsch, Felix Anton Blau, ferner der erwähnte
Universitätsbibliothekar Georg Forster und andere. Sie dräng-
ten auf eine Revolution und vertraten letztlich schon die
meisten Grundsätze unserer heutigen Demokratie (Gewalten-
teilung, Presse-, Meinungs-, Gewerbefreiheit, [eingeschränk-

tes] Wahlrecht) und billigten ausdrücklich den Sturz der Monarchie und die Einführung der Republik in Frankreich (10. August 1792). Ferner traten sie für den Anschluss der Stadt Mainz und des linksrheinischen Deutschlands an Frankreich ein, das die natürlichen Grenzen (Rhein, Alpen) erringen wollte.

Im Namen der französischen Besatzungsmacht, die sich zunehmend weniger einwohnerfreundlich gab als am Anfang, setze Custine bald die alte Verwaltung ab und eine neue, revolutionäre „Allgemeine Administration" unter der Leitung der Jakobiner Dorsch und Forster ein, außerdem für die Stadt eine „Munizipalität" (revolutionäre Stadtverwaltung), die allerdings als Interessenvertretung von Mainz bald in Streit mit den Franzosen geriet.

Der von der Führung angestrebten Annahme der „fränkischen Constitution", wie es jetzt statt „französischen" hieß, stemmte sich hartnäckig und wirksam die große Masse des Zunftbürgertums entgegen. Da die neue Freiheit nicht nur in Mainz vor allem den Konservativen und weniger den Revolutionären Aufschwung gab, beschloss der Konvent in Paris die Zerschlagung des „Feudalismus". „Enttäuscht von den ‚Befreiten'", so drückt es Dumont aus, „ging der ‚Befreier' zu einem ‚Despotismus der Freiheit' über".

Nachdem die Franzosen „Volkswahlen" angeordnet, aber als Bedingung für die Stimmabgabe den Eid der Wähler auf die „Volkssouveränität" und auf die „Freiheit und Gleichheit" verkündet hatten, leisteten in Mainz viele Bürger Widerstand gegen diesen Eidzwang. Um dennoch Eid und Stimmabgabe zu erzwingen, ließen die Franzosen die Kanonen, die in der Zitadelle aufgestellt waren, auf die aufmüpfige Stadt richten. Trotzdem endete die auf diese Weise am 24. Februar 1793 erzwungene demokratische Wahl mit einem schweren Misserfolg, da sich die Mainzer nicht einschüchtern ließen und vor allem die Zunftbürger die Stimmabgabe boykottierten. Nur 372 Mainzer Bürger oder gut 8% der 4226 Wahlberechtigten fanden sich nämlich bereit, überhaupt an der Stimmabgabe teilzunehmen.

Der bekannte Jakobiner Georg Forster versuchte dennoch voll des Optimismus diese Wahl schönzureden, wenn er am 26. Februar 1793 im „Der Volksfreund" u. a. schrieb: „Muthvoll traten die patriotisch gesinnten Bürger zusammen, um die feierlichste Handlung zu begehen, um ein Recht auszuüben, das ihren Vorvätern von Despoten entrissen wurde – das Recht, durch freie Wahl, als freie Männer, die dem Volke der Freiheit und Gleichheit schworen, sich Volksbeamte und Richter zu wählen ...". Forster fuhr tröstend fort: „Wenn auch schon in einigen Sectionen die Anzahl gering, so war ihr Muth desto größer, ihre Entschlossenheit desto rühmlicher, und diese Männer mehr werth, als eine 10fach größere Zahl anderer, denen Muth, Entschlossenheit oder sogar der Wille mangelt, das Gute für sich selbst, für Kinder und Enkel zu wollen. Tückisch, und mit zaghafter Gebärde, wie der Feind des Lichtes, der nur im Dunkeln einherwandelt, schlichen die Sklavenseelen herum, die feig genug sind, vor preußischen Schnurbärten zu zittern ...". Von einer winzigen Minderheit wurden somit die Deputierten des neuen „Rheinisch-Deutschen Nationalkonvents", die Mitglieder der „Munizipalität" (Stadtobrigkeit) und Franz Konrad Macké zum Maire (Bürgermeister) gewählt.

Angesichts der tiefen Gegensätze zwischen der überwältigenden Mehrheit auf der einen und der kleinen jakobinischen Minderheit, die an der Regierung war, auf der anderen Seite, schaltete die Besatzungsmacht die führenden Köpfe der Opposition aus und drohte allen Eidverweigerern in Mainz mit Deportation und Enteignung. Unter diesen wenig demokratischen Umständen begann am 3. März die soeben gewählte „Munizipalität" in Mainz ihre Arbeit. 14 Tage später trat im Rittersaal des Mainzer Deutschhauses unter der Präsidentschaft des Professors Hofmann und seinem Stellvertreter Georg Forster der „Nationalkonvent der freien Teutschen" zusammen, der Konzeption nach das erste dcmokratische Parlament in Deutschland. Dieser rief eine unabhängige „Rheinisch-Deutsche Republik" aus, die am 30. März auf Antrag Forsters einstimmig den Konvent in Paris um die „Reunion" der neu geschaffenen Republik mit Frankreich bat.

Aber die Tage der Mainzer Republik, die noch scharfe

Dekrete gegen die Eidverweigerer erließ, waren gezählt, da sich die preußischen Truppen der Stadt immer mehr näherten und diese am 14. April einschlossen. Im Mai stießen zu den 32 000 preußischen noch 11 000 österreichische Soldaten, welche zusammen die von 23 000 Franzosen verteidigte Feste Mainz belagerten. Vom preußischen Hauptquartier aus, dem Pfarrhaus von Marienborn, versuchte man zunächst, die Übergabe von Mainz auf dem Verhandlungswege zu erreichen, aber ohne Erfolg.

Als die Beschießung der Stadt durch die Kanonen der Belagerer immer heftiger wurde, verschärfte sich zunehmend die Spannung im Inneren zwischen Besatzungsmacht und Mainzer Bürgern sowie zwischen jakobinischer Verwaltung und Bewohnern, die in Massen enteignet und ausgewiesen wurden, so z. B. auch alle Juden. Während die 150 Jakobiner an der Verteidigung der Stadt gegen die deutschen Truppen aktiv teilnahmen, waren die Franzosen angesichts der großen Opfer und der zunehmenden Versorgungsschwierigkeiten zu

Das Deutschhaus war 1793 Sitz des „Nationalkonvents", später Palais Napoleons I. und des Großherzogs; hier während der Industrieausstellung 1842. Zeichnung von Josef Laske

Verhandlungen mit den Preußen bereit, kapitulierten schließlich am 23. Juli 1793 und konnten abziehen. Die vorher von den Jakobinern deportierten Mainzer betrieben nun zum Teil gegen die „Erzklubisten" Selbstjustiz und misshandelten viele schwer, bis der preußische Stadtkommandant gegen diese Racheaktionen einschritt.

Wechselnde Besatzung

Die Belagerung und das Bombardement der Stadt hinterließen schwere Schäden u. a. am Dom. Die Favorite, die Dompropstei, die Jesuiten- und die Liebfrauenkirche sowie mehrere Palais und Bürgerhäuser lagen in Schutt und Asche. Etwa 5000 Menschen, fast alle französische oder deutsche Soldaten, waren tot. In Paris, wo der Konvent den Wohlfahrtsausschuss eingesetzt hatte, errichtete dessen wichtigstes Mitglied, Robespierre, die Schreckensherrschaft, der Zehntausende zum Opfer fielen. Einer der ersten, der in Paris unter dem Fallbeil starb, war General Custine (18. 8. 1793), dem man die Niederlage am Rhein vorwarf.

Mainz blieb jedoch als gut ausgebaute Festung weiterhin ein Mittelpunkt des Ersten Koalitionskrieges. Deshalb hielten in den Jahren von 1793 bis 1797 nach den französischen die preußischen, dann österreichische und dann wieder französische Truppen die gut ausgebauten Festungsanlagen besetzt. Die Stadt befand sich „in einer fortgesetzten Ausnahmesituation, in der so gut wie keine Regel aus Friedenszeiten mehr Gültigkeit hatte" (E. Heinz). Da trotz der noch nominellen Stadtherrenfunktion des Kurfürsten die preußische bzw. österreichische Militärbehörde die Gewalt ausübte, bestimmten deren Herrscher letztlich die Geschicke von Mainz, mit deren Bürgerschaft und Vertretung es immer wieder Spannungen gab.

Obwohl sich viele Mainzer nach dem Abzug der Franzosen im Juli 1793 befreit fühlten, waren sie bald ernüchtert, da es zu Spannungen mit der 19 000 Mann starken preußischen Besatzung kam. Zunächst herrschte nach den bisherigen Erfahrungen noch eine gewisse Sehnsucht nach der kurfürstlichen Zeit. Als Erthal am 9. September nach Mainz zurückkehrte, war deshalb der Jubel groß und man hoffte wieder auf die Rückkehr der guten alten Zeit. Aber der Kurfürst hatte letztlich in Mainz keine Macht mehr, es kam zu Spannungen mit den Preußen, die keine Rücksicht auf Erthal nahmen. Deshalb reiste dieser, dessen Residenz zerstört und unbewohnbar war, schon nach wenigen Tagen wieder ab und kam nie mehr nach Mainz zurück, sondern blieb in seiner Zweitresidenz Aschaffenburg.

Mainz wurde immer mehr militarisiert. Auf einen Bewohner kam meistens mindestens ein Soldat. Diese Reichsfestung sah sich zunehmend von Frankreich bedroht, das schon ab Sommer 1794, abgesehen von Mainz, das ganze linksrheinische Reichsgebiet besetzt hatte. Die Truppen des revolutionären Frankreich bauten bald in weitem Bogen um die Stadt herum Stellungen von Laubenheim bis Budenheim aus. Während die Preußen nach ihrem Separatfrieden von Basel (5. 4. 1795) die letzte deutsche Stellung links des Rheins verließen, zogen dort die Österreicher ein, die verzweifelt versuchten, den Belagerungsring zu durchbrechen, was ihnen immerhin am 29. Oktober vorübergehend gelang. Aber schon im Sommer 1796 rückte eine neue große „Armée de Mayence" vor, um gegen das letzte linksrheinische Bollwerk des Reichs vorzugehen. Nach dem Abschluss des Friedens von Campo Formio durch Napoleon I. und Kaiser Franz II., wurde Mainz nach Verhandlungen mit Napoleon Ende 1797 den Franzosen übergeben. Nun wurde die Stadt französisches Hauptquartier. Nolens volens schmückte man den Dom wieder mit der Trikolore. Dann, 1798, kam es zur Eingliederung in die aus der Revolution hervorgegangene Französische Republik. Damit wurde die fast tausend Jahre lange Herrschaft des Mainzer Erzbischofs und dann auch Kurfürsten beendet. Die so wichtige Kathedra des Primas von Germanien mit der größten Kirchenprovinz im Reich, zu der 14 Suffraganbischöfe von Chur bis Verden gehört hatten, war von nun an Vergangenheit. Der ehemalige Sitz und die Residenzstadt des Mainzer Reichserzkanzlers, d. h. des zweiten Mannes im Reich, wurde nun für

16 Jahre eine französische Departementalhauptstadt, die alle früheren residenzstädtischen Funktionen für die Zukunft aufgeben musste.

Mainz französische Departementalhauptstadt

Das ab 1797/98 französisch gewordene Mainz wurde für die Klubisten zum viel gefeierten „Hort der Freiheit", verlor jedoch seine alte so wichtige Funktion als „Centralort des Reiches". Die Stadt war nun Teil der Französischen Republik, wenigstens theoretisch wurde dort durch einen Erlass am 30. März 1798 Französisch als offizielle Sprache in den Ämtern und Gerichten eingeführt, so dass die rechtsrheinischen Deutschen die Bewohner von Mainz bald als „Halbfranzosen" bezeichneten. Diese sahen sich durch die zentralistische Republik von Paris aus schnell in die neue staatliche und gesellschaftliche Ordnung Frankreichs integriert, die das ganze Leben der Stadt in einer Revolution von oben umkrempelte. Die Leitung dieser „Revolution nach der Revolution" lag in den Händen des Elsässers Franz J. Rudler, der seit Januar mit Sitz im Stadioner Hof von Mainz aus in den vier neuen linksrheinischen Départements die alten Verwaltungs- und Gerichtsstrukturen beseitigte und die französischen einführte. Dies galt natürlich auch für die Stadt Mainz, die eine Munizipalverwaltung für den Kanton gleichen Namens erhielt, dem neben der Stadt auch noch Kastel und Kostheim angehörten.

Schon am 23. Januar 1798 wurde Mainz die Hauptstadt des ohne historische Rücksichten gebildeten Départements Donnersberg (Mont-Tonnerre). Dort und in der Stadt hatten vor allem die gemäßigten Jakobiner und die „Patrioten" das Sagen, soweit in Mainz angesichts des straffen französischen Zentralismus die Einheimischen überhaupt Einfluss nehmen konnten.

Gemäß dem modernen Grundsatz „Gleichheit vor dem Gesetz" schuf Rudler in Mainz eine völlig neue Gerichtsbarkeit mit Öffentlichkeit und Mündlichkeit sowie Mitwirkung von Geschworenen. Sie wurde 1804 mit dem Code Civil

Napoleons endgültig durch einheitliche Gesetzgebung und eine klare Gliederung der Instanzen festgeschrieben und blieb in Mainz bis 1900 gültig. Auch das Notariat, nur noch zur Beurkundung berufen, wurde neu gestaltet.

So entstanden im gesamten linksrheinischen Gebiet relativ fortschrittliche „rheinische Institutionen", die noch im ganzen 19. Jahrhundert von der Bevölkerung sehr geschätzt wurden. Wie überall in Frankreich bildete sich auch in Mainz eine typische Notabelngesellschaft heraus, während die bisher so wichtigen Adeligen von nun an weitgehend fehlten. Die Oberschicht setzte sich neben Notabeln wie Notaren und Advokaten aus hohen Beamten und den Kaufleuten zusammen, die als großbürgerliche Schicht das Leben der Stadt prägten. Wie überall führte Rudler auch in Mainz die Gewerbefreiheit ein und löste die Zünfte auf, die so lange Zeit das Leben der Stadt mitgeprägt hatten. Dies brachte, wie meist in der Geschichte, Vor- und Nachteile, da die Freiheit einerseits zur Niederlassung vieler neuer Handwerker führte, aber der harte Konkurrenzdruck andererseits auch manche Existenz vernichtete. Hinzu kamen eine drückende Besteuerung und neue Zollgrenzen, die bisherige enge wirtschaftliche Beziehungen unterbrachen oder stark behinderten.

Besonders einschneidend empfanden die meist gut katholischen Mainzer die von den antiklerikalen neuen Beamten betriebene Entchristlichung und die Maßnahmen gegen die katholische Kirche. Während die Munizipalverwaltung die Religion als „Aberglauben" bezeichnete, die lieb gewonnenen Prozessionen und Wallfahrten verbot und den Klöstern jeglichen Nachwuchs abschnitt, führte sie nach französischem Vorbild die Zivilehe, die Scheidung und das Standesamt ein. All dies rief bei vielen Einwohnern Ablehnung und Widerstand hervor, was sich noch durch die Einführung des Revolutionskalenders mit Abschaffung von Sonntag, christlichen Feiertagen und Sieben-Tage-Woche und gleichzeitiger Einführung der neuen revolutionären Zeitrechnung (Jahre I, II etc. der Republik, Zehn-Tage-Woche, Revolutionsfeiertage) verstärkte. Die Mainzer St. Peterskirche wurde im Juni 1798 „Dekadentempel" zur Verbreitung des „Dekadenkults" mit

Verlesung von Verordnungen, Abhaltung patriotischer Reden und Absingen flotter Revolutionslieder.

Wie für ganz Frankreich bedeuteten die Machtergreifung Napoleons durch Staatsstreich im November 1799 und sein Aufstieg vom Ersten Konsul und später 1804 zum Kaiser der Franzosen auch für die Stadt Mainz wichtige Einschnitte. Jetzt wurde nämlich auch dort die nun vollendete, noch straffere Zentralisierung Frankreichs wirksam, mit dem Präfekten als Chef des Départements als direktem Befehlsempfänger des Machthabers und seiner Verwaltung in Paris. Nach einer Übergangszeit mit verschiedenen Kommissaren erhielt das Département Mont-Tonnerre mit André Jeanbon (de) St. André (1749–1813), einem ehemaligen protestantischen Prediger, einen Präfekten, der mit Sitz Erthaler Hof sehr effizient, energisch und mit straffer Zügelführung seinen Verwaltungsbereich leitete. Dem neuen zentralistischen System entsprechend wurden jetzt der Maire (Bürgermeister) und der Conseil municipal (Gemeinderat), der aber wenig zu sagen hatte, von Napoleon ernannt. Auf diese Weise trat im Dezember 1800 Franz Konrad Macké das Amt des Maire an und gewann durch Volksnähe und positive Maßnahmen (Wirtschaftsförderung, Hygieneverbesserung, Abschaffung des Dekadenkultes) eine nicht geringe Popularität.

In der gesamten Französischen Republik stellte das Kirchenproblem einen schwerwiegenden Grund für Bürgerkriege und die Spaltung der Nation dar. Trotz des Verbots des Christentums und Verfolgung der Priester blieb nämlich nach wie vor eine Bevölkerungsmehrheit, vor allem in der Provinz, gläubig katholisch. Um die französische Nation auszusöhnen, beendete Napoleon den Konflikt und schloss im Jahr 1801 mit Papst Pius VII. (1800–1823) ein Konkordat. Während die Kirche sich wieder durch Freiheit des Kultes und staatliche Besoldung von Priestern und Bischöfen entfalten konnte, bekam Napoleon diese wichtige Institution unter seinen starken Einfluss. Er erhielt nämlich jetzt u. a. das Recht die Bischöfe zu ernennen. Das wirkte sich auch auf Mainz aus. Der letzte Erzbischof und Primas Germaniae bekam nämlich keinen direkten Nachfolger mehr. Vielmehr ernannte Napoleon für die völlig neu gestaltete, jetzt mit dem Département Donners-berg weitgehend identische Diözese Mainz nun nur noch einen Bischof: den 42 Jahre alten Elsässer Joseph Ludwig Col-mar.

Es handelte sich um einen völlig neuen Bischofstyp. Colmar war einfacher bürgerlicher Herkunft, persönlich sehr fromm, aufgrund seiner negativen Revolutionserfahrungen theologisch relativ konservativ und außerdem papstfreund-lich, vor allem aber Napoleon treu ergeben. Ja, er trug, unre-flektiert, vertrauensvoll und gehorsam als Verehrer und Unter-tan des Kaisers „aktiv zur Ausgestaltung des Napoleonkults im Département Donnersberg bei" (Christian Ohler). Er bezeich-nete ihn als Helden, Retter Frankreichs und durch die Vor-sehung über alle Menschen erhobenen Monarchen. Colmar schrieb z. B. in einer Verordnung 1812: „So höret denn, ihr Völker, höret die Stimme der Religion und der Pflicht! Ehret, liebet euern Monarchen; in ihm ehret und liebet ihr Gott selbst."

Der Bischof aus dem Elsass versuchte, den Mainzern Frankreich als ihr Vaterland verpflichtend zu machen und er-mahnte seine Diözesanen: „daß derjenige wider Ehre und Gewissen zugleich handle, der die Stelle verläßt, die das Vater-land ihm zugewiesen hat", und in einem Zirkularschreiben von 1811 an seine Geistlichen betonte er: „Der Militärdienst ist unstreitig eine heilige Pflicht, welche die Religion jedem Chris-ten gegen seinen Monarchen und das Vaterland auferleget".

Einführung des Napoleonischen Katechismus

Dementsprechend veranlasste Colmar auch im Jahr 1807 die Einführung des von Napoleon gegen die päpstliche Weisung als einzig gültigen Katechismus für Frankreich eingeführten religiösen Lehrbuchs. Dort hat Napoleon einen speziellen Abschnitt über den Gehorsam einfügen lassen. Hier heißt es u. a. zum Vierten Gebot:

„F[rage]. Was für Pflichten hat der Christ gegen die Fürsten, seine Beherrscher; und welche Pflichten liegen insbesondere uns gegen Napoleon den ersten, unsern Kaiser, ob?

A[ntwort]. Die Christen sind den Fürsten, ihren Beherrschern, und wir sind insbesondere Napoleon dem ersten, unserem

Kaiser, Liebe, Ehrfurcht, Gehorsam, Treue, den Kriegsdienst und alle Abgaben schuldig …

F. Was soll man von denjenigen halten, die etwa an den Pflichten gegen unsern Kaiser treulos handeln?

A. Nach der Lehre des heiligen Paulus, widerstehen sie der Anordnung, die Gott selbst eingeführt hat, und machen sich der ewigen Verdammnis schuldig".

So war Bischof Colmar einerseits wegen seiner Bescheidenheit und Frömmigkeit bei der Bevölkerung sehr geschätzt, wurde aber andererseits wegen seiner Unterwürfigkeit Napoleon gegenüber vor allem später, nach dem Ende von dessen Herrschaft, stark kritisiert.

Säkularisation und weitere Entwicklung der Stadt

Als Teil Frankreichs, in dem schon 1790 alle Güter der Kirche enteignet und zu Nationalgütern umgewandelt worden waren, konnte selbstverständlich auch in Mainz eine solche Säkularisation, die der Papst durch das Konkordat notgedrungen nachträglich hatte billigen müssen, nicht ausbleiben. Nachdem es schon vorher in der Franzosenzeit entsprechende Maßnahmen gegeben hatte, verkündete man im Juli 1802 die endgültige Säkularisation der geistlichen Institutionen der Stadt. Mehr als 200 Mitglieder der Orden und über 100 Kleriker der Stifte verloren damit ihre bisherige geistliche Heimat. Ausgenommen wurden lediglich wegen ihrer großen Bedeutung für das höhere Schulwesen der Mädchen die Englischen Fräulein.

Wie überall in Frankreich verwandelte der Staat alle diese Kirchengüter in „Nationaleigentum", um sie dann an den Meistbietenden zu versteigern. Dies brachte in der Stadt „die größte Besitzumschichtung der Neuzeit" (Dumont). Statt Kirche und reichsadeligen Familien, die ihr Eigentum ebenfalls großenteils verloren hatten, traten nun der französische Staat und das Bürgertum als die großen Gewinner der Aktion hervor. Verwendete der Staat die beschlagnahmten Gebäude meist als Kasernen und Magazine, so konnten sie bürgerliche Unternehmer und Handwerker für gewerbliche Zwecke nützen. Dumont betont mit Recht: „Aus Kirchen, Klöstern und Stiftshäusern wurden Lager- und Reithallen, Zuckerfabriken oder Schreinerwerkstätten, aus prachtvollen Adelspalästen Kasernen oder nüchterne Büroräume". In jedem Fall veränderte sich durch diese Säkularisation der ursprünglich stark kirchlich-aristokratische Charakter der ehemaligen geistlichen Haupt- und Residenzstadt des ersten Kurfürsten und gleichzeitig Erzkanzlers des Reiches grundlegend.

Für den französischen Staat brachte diese Nationalgüterversteigerung, die ganze Stadtviertel betreffen konnte, große Gewinne. Als Käufer betätigten sich vor allem Großbürger der Honoratiorenschicht (hohe Beamte, Notare, Advokaten, Kaufleute, u. a. Juden), die auch die napoleontreue Notabelnschicht stellte, die dessen System trugen und als „Höchstbesteuerte" rühmlich hervorgehoben wurden. Aus ihrem Kreis wurden mit Vorrang die Mitglieder der Gemeinde-, Bezirks- und Départementsräte berufen, die allerdings sehr wenig mitbestimmen konnten.

Durch Förderungsmaßnahmen, Straßenbau und die Anbindung an den großen französischen Markt konnte die Wirtschaft der Stadt zeitweise einen gewissen Aufschwung erleben. Während die Martinsburg neuen Quais am Rhein weichen musste, verwendete man das Kurfürstliche Schloss als großes zentrales Warenlager. Allerdings wurde der wirtschaftliche Aufschwung der Stadt durch die Militarisierung von Mainz stark behindert. Es blieb nämlich in einem Regime, in dem Napoleon fast ununterbrochen intensiv in Europa Krieg führte, wichtige Festung, sogar die „östlichste Festung Frankreichs". Dementsprechend diente auch der moderne, stark intensivierte Straßenbau vor allem militärischen Zwecken; denn Mainz musste über die vom Kaiser angelegte Pariser Straße, die von der französischen Hauptstadt direkt über die Pfalz nach Mainz führte, von den Truppen schnell erreichbar sein. Die Festungsstadt, in der bei 20 000 Einwohnern beständig 10 000 bis 12 000 französische Soldaten stationiert waren, erlebte laufend Truppendurchzüge. Auch die Planungen und Maßnahmen zur völligen Umgestaltung der Stadt dienten in

Nach der Säkularisation 1802/03: die Karmeliterkirche als Holzmagazin
(Foto: Anfang 20. Jh.)

erster Linie militärischen Zwecken. Wichtig war es deshalb, durch Abriss vieler alter Häuser, statt der engen winkeligen Gassen große Durchbrüche mit breiten Avenuen zu schaffen, durch die schnell und sicher große Truppenformationen marschieren konnten. Auf diese Weise entstanden damals die breite Ludwigsstraße und der Gutenbergplatz, während die weitergehenden Planungen des französischen Architekten Eustache St. Far aber großenteils aus Geldmangel und wegen der Niederlage Napoleons nicht mehr ausgeführt wurden.

Der Kaiser förderte seine östlichste Festung und Stadt Mainz dadurch, dass er sie in den Rang einer der 36 „Bonnes Villes" (guten Städte) seines Reiches erhob. Er belohnte Mainz

101

außerdem durch eine Schenkung von Gemälden aus Pariser Museen, die der Eroberer da und dort erbeutet hatte und die zu einem Grundstock der Bestände des heutigen Landesmuseums wurden. Es handelte sich um 36 Gemälde aus der Beutekunst, die durch eine „systematisch(e) Plünderung der besten Kultur- und Kunstgüter des jeweils eroberten Gebietes" (S. Paas) zusammengetragen worden war. Allerdings kam es trotzdem zu einer starken Provinzialisierung des Kulturlebens, das, wie erwähnt, in kurfürstlicher Zeit eine besondere Blüte erlebt hatte.

Napoleon achtmal in Mainz

Napoleon I. besuchte seine „Gute Stadt" am Rhein immerhin achtmal. Zum ersten Mal erschien er am 20. September 1804 und residierte bis zum 3. Oktober des Jahres im Deutschhaus, wo er neben anderen deutschen Fürsten auch Karl Theodor von Dalberg empfing. Dieses Deutschhaus wurde von nun an sein „Palais impérial" in Mainz. Ferner kam Napoleon am 28. September 1806 kurz in die Stadt, um seinen Preußenfeldzug vorzubereiten und seinen Bruder Jérôme Bonaparte, den Herrscher des Königreiches Westfalen zu treffen, außerdem am 24. Juli 1807, als er von den Friedensverhandlungen von Tilsit zurückkehrte, und am 25. September 1808, als der Kaiser zum Fürstenkongress nach Erfurt fuhr. Auch bei Reisen im Jahre 1812 und 1813 machte er in Mainz Station und empfing jeweils verschiedene deutsche Fürsten. Persönlich ordnete er außerdem den Bau einer für seine Truppenbewegungen so wichtigen steinernen Brücke zwischen der Stadt und Kastel an, die allerdings nicht mehr gebaut werden konnte. Das letzte Mal kam Napoleon I. am 2. November 1813 nach Mainz. Er zog sich nämlich in sein dortiges Kaiserpalais nach der verlorenen „Völkerschlacht" bei Leipzig zurück.

Damals waren schon die Tage des Kaisers und damit auch der Franzosenherrschaft in Mainz gezählt, dessen junge Männer teilweise aufgrund der Wehrpflicht an den Feldzügen Napoleons hatten teilnehmen müssen. Die nach der Niederlage in Leipzig in Richtung Frankreich zurückflutenden französischen Soldaten brachten nach Mainz eine furchtbare Epidemie mit. An diesem Fleckfieber starben in der Folgezeit bis

Frühjahr 1814 etwa 17 000 Soldaten und 2400 Mainzer Zivilisten und sogar der Präfekt Jeanbon St. André. Nach der Abdankung Napoleons am 11. April 1814 und dem Abschluss des Pariser Friedens am 30. Mai 1814 übergaben schließlich die Franzosen nach 16-jähriger Herrschaft Mainz den deutschen Alliierten, welche die Stadt bis 1816 unter provisorische Verwaltung stellten.

Bundesfestung und Provinzhauptstadt in Hessen-Darmstadt

Truppenstandort und Festung

Nach dem Abzug der französischen Soldaten kamen am 4. Mai 1814 deutsche. Festungskommandant wurde General Delamotte aus Bayern. Die vom Krieg und einer fürchterlichen Typhusepidemie gezeichnete Stadt Mainz gehörte nun in einer Zeit provisorischer Verwaltung bis 1816 zum neuen, von Justus Gruner geleiteten Generalgouvernement am Mittelrhein. Zum Kommissar für das ehemalige Département Donnersberg ernannte Gruner einen Diplomaten aus dem Königreich Preußen, den Freiherrn Friedrich von Otterstedt. Während der Generalgouverneur ansonsten die meisten Beamten auf ihren Posten beließ, setzte er den populären Oberbürgermeister Franz Konrad Macké ab und ließ ihn durch den aus Mainz stammenden Juristen und Freiherrn Franz Edmund Gedult von Jungenfeld ersetzen.

Nach Abschluss des Pariser Friedens vom 30. Mai 1814 gelangten die Festung und die Stadt Mainz unter gemeinsame österreichisch-preußische Verwaltung. Trotzdem wurde die französische Gemeindeordnung beibehalten und die provisorische Verwaltung beließ auch die hohen Steuern. Außerdem musste die Stadt bei 24 000 Einwohnern 7000 Mann beherbergen und auch die Offiziere teilweise verpflegen.

Teil von Hessen-Darmstadt

Als die beiden Großmächte des 1815 gebildeten Deutschen Bundes, Österreich und Preußen, mit dem Großherzogtum Hessen(-Darmstadt) einen Staatsvertrag abgeschlossen hatten, kam Mainz mit Rheinhessen zu diesem Großherzogtum.

104

Der Osteiner Hof (1749), ein typisches Adelspalais der Kurfürstenzeit, später Sitz des Gouvernements – links davor der Fastnachtsbrunnen (1967).

Neuer Landesherr wurde der Großherzog von Hessen und bei Rhein. Mainz gehörte somit zu den zahlreichen katholischen Gebieten, die seit dem 19. Jahrhundert von (neuen) protestantischen Monarchen regiert wurden.

Auch jetzt blieben die fortschrittlichen „linksrheinischen Institutionen" erhalten und der neu ernannte, im Erthaler Hof residierende und seit März 1818 als Präsident der Provinzialregierung fungierende Ludwig Freiherr von Lichtenberg (1784–1845) zeigte sich als ausgleichender, liberaler Verwaltungschef. Da aber Mainz Festung des Deutschen Bundes wurde, blieb der große Einfluss der Militärs auf das Leben der Stadt erhalten, bei Krieg oder Kriegsgefahr sogar die unbeschränkte Befehlsgewalt der militärischen Befehlshaber für Mainz bestimmend. Dabei teilten sich Österreich und Preußen das Oberkommando.

Während der ehemalige Kaiserliche Palast, d. h. das

Deutschhaus, Palais des Großherzogs wurde, bezog das Gouvernement den Osteiner Hof und die Kommandantur den Stadioner Hof (Große Bleiche). Da die unterschiedlichen Mentalitäten von Österreichern und Preußen laufend zu Konflikten, ja Schlägereien führen konnten, wies man die Kneipen der südlichen Altstadt den Preußen und die der nördlichen den Österreichern zu. Als „Demarkationslinie" galt die Ludwigsstraße.

Aufgrund des im März erlassenen „Edikts über die landständische Verfassung des Großherzogtums Hessen" konnte Mainz zwei der 50 Abgeordneten der Zweiten Kammer bestimmen. Wie damals in vielen Staaten üblich, galt bei der indirekten Wahl ein ausgeprägtes Zensuswahlrecht, das plutokratische Züge hatte. Jetzt spielte also nicht mehr der Adel eine privilegierte Rolle, sondern vor allem das Geld. Wenn auch alle mindestens 25 Jahre alten Gemeindebürger ihre Stimme für einen der Wahlmänner abgeben konnten, so waren als solche nur die 60 höchstbesteuerten Bürger der Stadt wählbar. Die Wahlmänner konnten dann nur wenigstens 30 Jahre alte, sehr gut verdienende und recht vermögende Männer zu Abgeordneten bestimmen. Dementsprechend wurden zu ersten Deputierten dieser Kammer sehr reiche Großhändler (Johann Kertell und Christian Lauteren) gewählt. In die Erste Kammer berief Großherzog Ludwig I. (1806–1830, 1790–1806 Landgraf) den von Napoleon geadelten Reichsbaron, Weingroßhändler und Vizepräsidenten der Handelskammer in Mainz, Heinrich von Mappes.

Der erste Landtag des neuen Großherzogtums, der am 8. Juni 1821 wieder geschlossen wurde, beschäftigte sich u. a. mit der Verfassungsurkunde von 1820, die nun für Mainz mit einigen Abänderungen bis 1918 gültig blieb, sowie mit der Gemeindeordnung von 1821, die für das politische Leben der Stadt grundlegend wurde.

Mainz in den 1820er- und 1830er-Jahren

Mainz bekam einen Bürgermeister, zwei Beigeordnete und 30 Gemeinderatsmitglieder. Bei der direkten Wahl waren bei den Wählbaren auch hier Zensus-Elemente eingebaut. Bestimmten die Bürger drei Kandidaten für das Bürgermeisteramt, so lag es an der Regierung, davon einen zum Bürgermeister – im Prinzip für jeweils sechs Jahre – zu ernennen. Nach Jungenfeld übten von 1831 bis 1834 Franz Konrad Macké, von 1834 bis 1837 Stephan Metz, von 1837 bis 1839 Johann Baptist Heinrich, von 1839 bis 1842 wieder Stephan Metz und von 1842 bis 1860 Nikolaus Nack die Position eines Mainzer Bürgermeisters aus. Sie leiteten die Verwaltung einer Stadt, die 1828 fast 28 439 Menschen zählte. 24 279 oder 85,4 % waren Katholiken, 2545 oder 8,9 % Protestanten und 1612 oder 5,7 % Juden.

Mainz' Stadtansicht blieb damals noch geprägt vom Hafen oberhalb der Schiffsbrücke, den Tortürmen, die teilweise als Gefängnisse dienten, den Stadtmauern und natürlich den Festungsanlagen. Im Inneren gab es eine Unmenge von Gassen und Gässchen, ganz wenige Straßen wie die nach dem

Das Theater, 1831 eröffnet (Architekt: Georg Moller), wurde nach der Zerstörung im 2. Weltkrieg bis 1951 wieder aufgebaut. 2001 wurde ein Restaurant in einem Glaszylinder aufgesetzt.

neuen Landesherrn benannte relativ breite Ludwigsstraße, ferner zehn größere Plätze und fünf Märkte. In diesen Jahrzehnten wurden nur wenige neue Gebäude errichtet, darunter die
Kaufhauszeile am Dom und das Stadttheater, das nach Plänen
Georg Mollers am Gutenbergplatz gebaut wurde. Ab 1840
wuchsen an der Rheinstraße außerdem größere Hotels aus
dem Boden, die man aufgrund der zunehmenden Dampfschiff-
fahrt und der neuen Eisenbahn benötigte. 1826 hatte sich
nämlich eine „Dampfschiffahrtsgesellschaft" gebildet, deren
Schiff „Concordia" regelmäßig von Mainz nach Köln fuhr und
in einem Jahr schon weit mehr als 100 000 Passagiere aufweisen konnte. Die Gesellschaft ging 1853 in der „Köln-Düssel-
dorfer Dampfschiffahrts-Gesellschaft" auf, die mit etwas ab-
geändertem Namen heute noch besteht.

Nachdem 1835 die erste deutsche Eisenbahnlinie von
Nürnberg nach Fürth eröffnet worden war, gründete man in
Mainz schon 1837 eine Mainzer Eisenbahn-Gesellschaft, die
sich mit anderen hessischen Komitees zusammenschloss und
eine Bahnlinie von Mainz nach Wiesbaden baute. Dort fuhr
die Eisenbahn am 13. April 1840 zum ersten Mal. Da aber der
Mainzer Hafen durch die mangelhafte Förderung durch Hessen und die Konkurrenz anderer Staaten stark an Bedeutung
verlor, forderte die Mainzer Handelskammer zusätzlich den
Bau einer Bahnlinie links des Rheins, die erst seit den 1850er-
Jahren Gestalt annahm. Ab 1853 konnte man immerhin schon
mit der Eisenbahn von Mainz nach Worms fahren.

Bis 1830 blieb das Gewerbe in Mainz durch zahlreiche
Handwerksbetriebe und den Handel, besonders den Wein-
handel geprägt, nach 1830 nahmen größere Betriebe, die man
schon als Fabriken bezeichnen kann, zu. Als wichtigster Ar-
beitgeber ist hier die Lederfabrik Mayer, Michel und Deninger
zu nennen, die 1840 immerhin 450 Personen Brot und Arbeit
bot. Ferner gab es Möbelbetriebe, Druckereien und Wagen-
fabriken. Schließlich wurde „Rhein-Champagner" produziert
und in die ganze Welt exportiert. Wenn man die Mainzer
Gewerbestatistik von 1840 betrachtet, so gab es wie in den
anderen Städten der Zeit eine große Zahl unterschiedlicher
Berufe, angefangen von vier Antiquaren bis hin zu 28 Zucker-

bäckern. Besonders zahlreich vertreten waren die Metzger (108), Schreiner (150), Schneider (186) und die Gast-, Speise- und Weinwirte (260), ferner die Schuhmacher (342). Die Stadt hatte mit ihren Einnahmen nicht nur ihre Verwaltung zu bestreiten, den Schulen Räume zur Verfügung zu stellen, sondern auch das „Wohltätigkeitswesen" (Rochusspital, Invalidenhaus, Waisenhaus) zu finanzieren. Zur Förderung und Absicherung der Unterschichten gründete man 1827 eine städtische Sparkasse.

In der Gesellschaft nahm in Mainz der Einfluss des Besitzbürgertums zu, das nun die führende Schicht bildete. Während die früheren Zünfte und Korporationen verschwunden waren, entstanden zahlreiche Vereine, beispielsweise 1817 der erste Turnverein, 1831 die „Mainzer Liedertafel", 1837 die „Mainzer Ranzengarde", 1838 der „Mainzer Carnevalsverein" und 1844 der „Verein zur Erfassung der Rheinischen Geschichte und Altertümer". Ferner entwickelten sich Presse, Kunst und Geschichtspflege. So entstand u. a. von 1841 bis 1851 eine vierbändige Geschichte der Stadt Mainz, die Karl Anton Schaab verfasste. Außerdem blühte ein leistungsfähiges Verlagswesen auf. Zu nennen ist hier vor allem der Verlag Philipp von Zabern. Besonders pflegte man auch schon das Gedenken an Gutenberg, den bedeutendsten Sohn von Mainz, für den die Stadt 1827 ein Denkmal errichtete, und man förderte das Musikleben, u. a. durch Sängerfeste, Oratorien und Kirchenmusik im Dom.

Politische und soziale Spannungen

Während das gehobene Bürgertum, das in der Stadt das Sagen hatte, zufrieden war, kam es zu Klagen und Protesten der übrigen Bevölkerung, die weitgehend von jeder politischen Mitbestimmung ausgeschlossen war. Wie damals in vielen Städten üblich, konnten nämlich aufgrund des ausgeprägten indirekten Zensuswahlrechts 1820 nur ca. 15% der Gesamtbevölkerung wählen. In dieser Zeit gab es große Probleme. Viele litten nämlich unter der Hungersnot von 1831 bis 1833, beschwerten sich über die zu hohen direkten und indirekten Steuern und die Preissteigerungen, die nicht durch Lohnerhöhungen ausgeglichen wurden. Angesichts der sozialen Spannungen nahmen nicht wenige Mainzer am Hambacher Fest bei Neustadt an der Weinstraße 1832 teil und trugen schwarz-rot-goldene Kokarden. Als führende „Demagogen" galten in Mainz der Weinhändler Georg Strecker und der demokratische Landtagsabgeordnete Heinrich Tromler. Es gab aber auch junge Männer, die daran dachten, einen allgemeinen Aufstand anzuzetteln, so dass der österreichische Staatskanzler Klemens W. Fürst von Metternich-Winneburg Mainz als „ein fürchterliches Jacobiner-Nest" bezeichnete.

Während die Handelskammer, die von den reichsten Kaufleuten der Stadt dominiert war, großen Einfluss besaß, organisierte der Gewerbeverein 1842 die erste „Allgemeine Deutsche Industrieausstellung". Da man 1843 und 1846 unter Missernten (Kartoffelfäule) und noch zusätzlich ab 1847 einer Wirtschaftskrise litt, verbreiteten sich Not und Armut, so dass es in Mainz vor der Revolution von 1848 Unruhen gab. Als dann die Regierung in Darmstadt die von den Franzosen übernommenen recht modernen „rheinhessischen Institutionen" antasten wollte, brach ein Sturm der Entrüstung los. Es kam zu Protesten, die noch durch das Bekanntwerden der Februarrevolution in Paris weiter angeheizt wurden. In Versammlungen und „Adressen" forderte man Pressefreiheit, die Aufrechterhaltung der von Frankreich ererbten Institutionen, Versammlungsfreiheit etc. Der demokratische Abgeordnete Dr. Franz Zitz konnte schließlich am 6. März 1848 bekannt geben, dass der Großherzog die „Märzforderungen" zugestanden habe und man daher nicht mehr, wie geplant, im Protest nach Darmstadt ziehen müsse. Deshalb wurde stattdessen gefeiert. Um die Lage zu beruhigen, schuf man im März 1848 außerdem eine Bürgerwehr, deren Oberst Franz Zitz wurde. Trotzdem gab es tätliche Auseinandersetzungen mit den verhassten preußischen Festungssoldaten und Gewalttaten frustrierter Schiffer und Arbeiter.

Gründung politischer Vereine und Parteien

In dieser Zeit entstanden politische Vereine wie der „Pius-Verein für religiöse Freiheit", eine erste Formation des politischen Katholizismus, die im Oktober 1848 in Mainz den ersten deutschen Katholikentag organisierte. Ein paar Wochen später hielt der westfälische Pfarrer, Mitglied der Frankfurter Nationalversammlung, Wilhelm Emmanuel Freiherr von Ketteler im Mainzer Dom Predigten über „die großen sozialen Fragen der Gegenwart", welche die katholische Soziallehre beeinflussten. Schon im Frühjahr hatte man den „Bildungsverein für Arbeit" in Mainz gegründet, den am 10. April so prominente Kommunisten wie Karl Marx und Friedrich Engels besuchten.

Weitere Gründungen waren der „Demokratische Verein" und der „Bürgerverein", die alle Vorformen von politischen Parteien darstellten und mit entsprechenden Presseorganen verbunden waren wie der „Mainzer Zeitung", die von Ludwig Bamberger, einem „demokratischen Feuerkopf" (F. Schütz) redigiert wurde, oder dem „Demokrat" oder seit 1. Mai 1848 der „Rheinischen Zeitung" u. a.

Natürlich nahmen auch Mainzer Honoratioren an den Beratungen im Frankfurter Vorparlament teil. Als Abgeordnete der Nationalversammlung wählten die Mainzer Bürger schließlich in indirekter Wahl den oben erwähnten Franz Zitz, der als Vertreter der äußersten Linken Mitglied der Frankfurter Paulskirchenversammlung war.

Nach der Abberufung der österreichischen und preußischen Deputierten verkündeten die verbliebenen linken Parlamentarier die revolutionäre Durchsetzung der von der Nationalversammlung beschlossenen Verfassung und verlegten am 30. Mai 1849 das Rumpfparlament nach Stuttgart, wo es mit Gewalt aufgelöst wurde. Der „Demokratische Verein" von Mainz hatte Ludwig Bamberger dorthin entsandt. Dieser und Zitz nahmen dann auch persönlich führend am Pfälzer Aufstand teil. Beide mussten danach ins Ausland flüchten. Ludwig Bamberger kehrte nach der Amnestie von 1866 wieder nach Mainz zurück, wurde 1868 Deputierter im Zollparlament

Mainz von der Schiffsbrücke aus: Der Stahlstich um 1845 zeigt im Hintergrund den Dom mit der Mollerschen Kuppel.

und 1871 bis 1893 liberaler Reichstagsabgeordneter und einer der Väter der Reichsbank.

Während die Stadt Mainz 1849 und 1851 weiterhin „demokratisch" wählte, reagierte die Darmstädter Regierung auf die Unruhen mit Verboten von politischen Vereinen und Pressezensur, so dass es relativ ruhig in der aufgeweckten Stadt am Rhein blieb. Diese wurde am 18. November 1857 durch eine Pulverexplosion auf dem Kästrich erschüttert. Bei dieser Katastrophe kamen mehr als 150 Menschen um, zahlreiche Häuser wurden beschädigt, 57 sogar völlig zerstört.

Nachdem die Wirtschaft Ende der 40er-Jahre schlecht gelaufen war, folgte nach 1850 wieder ein gewisser Aufschwung. Es wurden nämlich neue Industrien angesiedelt: 1850 die Sektkellerei Kupferberg, 1859 die Aktienbrauerei, 1861 das Gasapparate- und Gusswerk u.a. 1853 erhielten die Bewohner der Stadt sogar schon das Gaslicht.

Auch auf kulturellem Gebiet tat sich etwas: 1852 fand die Tagung der deutschen Geschichts- und Altertumsvereine und die Gründung des Römisch-Germanischen Zentralvereins statt, 1860 das Vierte Mittelrheinische Musikfest und 1862 die Enthüllung des Schillerdenkmals. Neben zahlreichen neuen Vereinen entstanden in Mainz im Rahmen eines politischen Aufschwungs, ausgehend von entsprechenden Vereinigungen, die Fortschrittspartei, die Deutsche Volkspartei und die Groß-deutsch-konservative Partei. Nach dem Tod von Nikolaus Nack 1860 wurde der Kaufmann Karl Schmitz neuer Bürger-meister von Mainz, dem 1863 der Musikverleger Franz Schott als Stadtoberhaupt nachfolgte.

Ende der Bundesfestung und Aufschwung

Angesichts des österreichisch-preußischen Krieges von 1866 und des darauf folgenden Endes des Deutschen Bundes ging die für Mainz meist weniger erfreuliche Funktion als Bundes-festung zu Ende, die Stadt blieb jedoch weiterhin Festungs-stadt mit Tausenden von Soldaten. Trotzdem konnte sie sich relativ gut entwickeln und von der Reichsgründung 1871 bis zur Volkszählung 1910 seine Bevölkerungszahl von 53 902 auf 110 634 mehr als verdoppeln. 8772 Einwohner waren davon Militärpersonen. Gleichzeitig vergrößerte sich die Bebauungs-fläche der Stadt durch Einbeziehung der Neustadt (vorher Gartenfeld) und der Gebiete im Nordwesten. Dadurch schuf man Platz für neue Häuser.

Als Provinzhauptstadt des mehrheitlich protestantischen Rheinhessen im überwiegend evangelischen Hessen-Darm-stadt veränderte sich zunehmend die Konfessionsstruktur der ursprünglich weitgehend katholischen Bischofsstadt. Gab es dort 1849 mit 27 633 noch 78,6% Katholiken, mit 5037 etwa 14,3% Protestanten und mit 2128 ca. 6% Juden, so standen im Jahr 1901 genau 49 408 oder 58,6% Katholiken 31 151 oder 36,9% Protestanten gegenüber. Trotz Zuwachs in absoluten Zahlen sank der Anteil der jüdischen Bevölkerung auf knapp 3,7%.

Wie schon in der ersten Jahrhunderthälfte spielte damals in Mainz die lederverarbeitende Industrie eine bedeutende Rolle. Nach wie vor dominierten nämlich zwei große Lederfabriken. Außerdem gab es vor allem Kleinbetriebe, die unterschiedliche Gewerbe ausübten. Angesichts der zunehmenden Ausdehnung des Stadtgebietes und der gehobenen Ansprüche der Zeit mussten Ende des 19. Jahrhunderts mit hohen Kosten die Kanalisation in der Altstadt modernisiert und in der Neustadt installiert, neue Straßen und Schulen und neue Volksbäder gebaut werden. Für die zusätzlichen Schulen brauchte man weitere Lehrer, und all das war nur durch die Aufnahme von erheblichen Krediten zu finanzieren, so dass die Pro-Kopf-Verschuldung der Mainzer gewaltig zunahm.

Nach 1850 hatten im politischen Leben der Stadt die Demokraten, deren Tradition sich bis in die Mainzer Republik von 1792/93 zurückverfolgen lässt und die in den Revolutionsjahren von 1848/49 aktiv waren, eine wichtige Stellung inne. Die nun gemäßigt liberal eingestellten Politiker Ludwig Bamberger, Konrad Alexis Dumont, Georg Oechsner und Carl Wallau arbeiteten mit den verschiedensten politischen Formationen zusammen, mit den Katholiken wie auch mit der Fortschrittspartei, die in den 60er- und frühen 70er-Jahren in Mainz beherrschend war. Ab 1874 schlossen sich verschiedene Parteien zu Wahlkartellen zusammen, um die Mehrheit im Gemeinderat zu erringen. So kam es 1874 zu einem Bündnis von Volkspartei und Zentrum gegen die dominierenden Nationalliberalen, 1880 zu einem Wahlbündnis von Nationalliberalen und Demokraten gegen Volkspartei und Zentrum, 1883 und 1886 bildeten Nationalliberale und Demokraten ein Wahlkartell mit dem Zentrum gegen die Sozialdemokraten als revolutionäre Partei. Wegen des Mehrheitswahlrechts waren nämlich solche Kartelle vorteilhaft, die sich in den folgenden Wahlen meist gegen die im Wachstum begriffenen Sozialdemokraten richteten, im Jahr 1910, als Nationalliberale, Freisinnige, Demokraten und SPD zusammengingen, aber auch gegen das Zentrum, die Partei des politischen Katholizismus.

Wilhelm Emmanuel Freiherr von Ketteler, von 1850 bis 1877 Bischof von Mainz, Mitbegründer des politischen Katholizismus und katholischer Sozialpolitik

Bischof Wilhelm Emmanuel Freiherr von Ketteler

Die Katholiken hatten mit ihrem Bischof Wilhelm Emmanuel Freiherr von Ketteler (1781–1877), der seit 1850 auf der Mainzer Kathedra saß, eine überragende Führungspersönlichkeit. Er kämpfte gegen das hessische Staatskirchentum und für besondere Rechte der Kirche und wurde einer der einflussreichsten Vorkämpfer der Kirche in Bismarcks Kulturkampf, der sich vor allem gegen die katholische Minderheitskirche richtete. 1871 ließ sich Ketteler sogar in den Reichstag wählen und war dort bis 1872 Abgeordneter. Besonders zukunftsweisend blieben seine sozialethischen Vorstellungen und Forderungen sowie die konsequente Förderung von katholischen Arbeitervereinen, so dass der Mainzer Bischof als einer der Begründer der katholischen Sozialpolitik gilt.

Trotzdem konnte Ketteler es nicht verhindern, dass der auch im Großherzogtum Hessen durchgeführte Kulturkampf in Mainz seine Spuren hinterließ. So wurden dort das öffentliche Leben weitgehend dem Einfluss der Kirche entzogen, die meisten Ordensmitglieder ausgewiesen, die Zivilehe eingeführt und das Priesterseminar geschlossen. Als der Bischof am 13. Juni 1877 im oberbayrischen Burghausen gestorben war, blieb die Mainzer Kathedra ca. neun Jahre unbesetzt und wurde von Christoph Moufang, Mitglied des Domkapitels, als Bistumsverweser verwaltet. Erst 1886 erhielt Ketteler durch Paulus Leopold Haffner einen Nachfolger. 1887 konnte auch das Priesterseminar wieder eröffnet werden.

Im Gemeinderat, in dem die Liberalen dominierten, befanden sich in den 60er- und 70er-Jahren besonders Fabrikanten, Kaufleute, Ärzte und Juristen, also weiterhin vor allem Honoratioren wie der Mitbesitzer der Lederwerke Julius Deninger, der Möbelfabrikant Johann Köhler, der Begründer der Sektkellerei Christian Adalbert Kupferberg, der Weinhändler Max Nonweiler, die Bankiers Rudolph Bamberger und Samuel Goldschmith II., die Juristen Konrad Alexis Dumont und Hermann Fitting u. a.

Für das Wirtschaftsleben der Stadt erwies sich der weitere Ausbau des Eisenbahnnetzes als sehr nützlich, wohingegen sich der Hafen wegen der 1862 errichteten Eisenbahnbrücke über den Rhein und aufgrund von Behinderungen durch militärische Interessen der Festung wenig entwickeln konnte. Wichtige Etappen für die Verkehrsanbindung der Stadt wurden der Bau des neuen Hauptbahnhofs im Jahr 1884 und der großen Stadtbrücke 1885. In diesem Jahr erfolgte auch die Verstaatlichung der privaten Ludwigsbahngesellschaft, die bisher den Ausbau des Bahnnetzes betrieben hatte.

Im Jahr 1900 fand in Mainz ein besonderes Fest statt: Man feierte den 500. Geburtstag des größten Sohnes der Stadt, d. h. des Erfinders der Druckkunst Johannes Gutenberg mit akademischer Feier in der Stadthalle, Festessen und historischem Umzug. Aber dieses Jahr brachte auch noch andere wichtige Ereignisse: Der Kaiser verkündete die Aufgabe der Festung Mainz und es fand ein Parteitag der SPD statt, an dessen Eröffnungsfeier 7000 Menschen teilnahmen. Von großer Bedeutung blieb damals, wie schon vorher und nachher, die Fastnacht, die eng mit dem politischen und gesellschaftlichen Leben der Stadt verwoben war. So hatten die führenden politischen Familien auch in den Vereinen, besonders im antipreußisch eingestellten Mainzer Carneval-Verein (MCV), das

Die evangelische Christuskirche, 1897–1903 erbaut, wurde als eine Art protestantischer „Gegendom" mit einer Höhe von 80 Metern konzipiert.

Sagen, so etwa Konrad A. Dumont, Georg Schmitz, Carl Wallau, Josef Zuckmayer und der Oberbürgermeister Heinrich Gaßner (1894–1905).

In dieser Zeit nahm, wie in anderen deutschen Städten, die Bedeutung der Sozialdemokraten in Mainz zu, welche vor allem die Interessen der immer zahlreicher werdenden Arbeiter vertraten. Hatte die Ratsversammlung im Jahr 1910 noch 14 Nationalliberale, zehn Freisinnige, neun Zentrumsstadtabgeordnete, acht Sozialdemokraten und sechs Demokraten, so siegte 1913 die SPD zusammen mit ihrem Koalitionspartner gegen das bürgerliche Bündnis der „freien Bürgervereinigung". Diese Konstellation blieb auch 1914 nach Anfechtungen und Wiederholung der Wahl bestehen. Im Ganzen gab es damals 51 Stadtverordnete, und zwar zehn Nationalliberale – darunter die Fabrikanten Otto Dyckerhoff und Christian Karl Scholz und der Kaufmann August Feiner – sowie neun Mitglieder des Zentrums – darunter der Gewerberat Jean Falk, der Tünchermeister Franz Klingenschmitt, der Landtagsabgeordnete Josef Molthan und der Rechtsanwalt Josef Zuckmayer. Ferner stellten die „Altfortschrittlichen" sechs Verordnete – darunter der Weinhändler Moritz Berney, der Kaffeegroßhändler Wilhelm Christ und der Bankier Eduard Simon –, die Fortschrittliche Volkspartei acht – darunter der Reallehrer Wilhelm Fuchs, der Kaufmann Ludwig Kaiser II. und der Kommerzienrat Philipp Stratemeyer. Für die Sozialdemokratie gehörten sogar 16 Räte der Stadtverordnetenversammlung an – darunter der Redakteur Bernhard Adelung, der Geschäftsführer Josef Bauer, der Wirt Peter Hück, der Gewerkschaftssekretär Friedrich Seel oder der Arzt Dr. Gustav Sprenger.

Da die Stadt mehr und mehr Einwohner zählte, wurde in den späten 1890er- und frühen 1900er-Jahren eine ganze Reihe neuer Schulgebäude errichtet. Im Juni 1904 nahm die erste Straßenbahnlinie ihren Betrieb auf, gefolgt von mehreren anderen, ab 1905 elektrifiziert. Davor waren die Mainzer seit 1883 mit der Pferdebahn gefahren. Auch neue Kirchen wurden errichtet: Neben den katholischen Neubauten St. Joseph (1892) und St. Bonifatius (1894) entstand vor allem die große protestantische Christuskirche in der Neustadt (1897), im Aussehen dem Berliner Dom aus der gleichen Zeit ähnlich, mit einer 80 Meter hohen Kuppel. Diese gewaltige Kirche war als eine Art protestantischer Gegendom in Konkurrenz zur alten romanischen Bischofskirche der Altstadt konzipiert. Schließlich weihte man im September 1912 die neue Synagoge ein.

Schon 1907 war unter Oberbürgermeister Karl Göttelmann (1905–1919) Mainz Großstadt geworden, und zwar durch die Eingemeindung von Mombach 1907. Später kamen 1908 noch Kastel, Amöneburg und 1913 Kostheim hinzu. Der gewaltige Gebietszuwachs erleichterte in der Folgezeit die An-

Landsturm-Abteilung um 1916; links Prinz-Carl-Kaserne, im Hintergrund das Proviantamt

siedlung von neuen Betrieben und somit die Wirtschaftsent-
wicklung, die lange Zeit, wie erwähnt, durch den Festungs-
charakter der Stadt behindert worden war.

Im Ersten Weltkrieg

In Mainz galt für viele die Epoche von der Reichsgründung bis
zum Ausbruch des Ersten Weltkrieges als eine gute, goldene
Zeit. Als am 1. August 1914 die Nachricht vom Beginn des
Krieges in der Stadt eintraf, herrschte dort, wie überall in
Deutschland, anfangs Begeisterung. Um die jungen Männer in
den Krieg schicken zu können, fing man an, ihnen vorzeitige
Notreifeprüfungen zu geben.

Angesichts des damals angeheizten Nationalismus und
der Identifizierung Frankreichs mit dem Landesfeind, trennte

man sich auch demonstrativ vom Andenken an die französische Zeit. So „reinigte" man das Stadtwappen von Mauerkrone und Merkurstab, Zierrat aus napoleonischen Zeiten. Im Sinne nationaler Verehrung des deutschen Weltkriegsidols und Reichsfeldmarschalls wurden 1916 Bonifatiusplatz und -straße zu Hindenburgplatz bzw. -straße umbenannt.

Aber bald kamen all die kriegsbedingten Drangsale auf die Stadt zu: Ernährungs- und Versorgungsprobleme. Besonders schwer traf es die Familien der zum Kriegsdienst eingezogenen Männer, da diese vielfach nicht mehr für den Unterhalt aufkommen konnten. Noch schlimmer gestaltete sich die Lage der Familien der Gefallenen und Invaliden. Bald wurde auch bezahlbarer Wohnraum knapp. Das gleiche galt für Lebensmittel, die trotz Zwangsbewirtschaftung erheblich teurer wurden. Unterernährung, Hunger und Mangel an hochwertigeren Lebensmitteln gehörten immer mehr zum Alltag vieler Mainzer, so dass auch Hungerdemonstrationen durchgeführt wurden. Ab Mai 1918 kam es außerdem zu Luftangriffen, durch die elf Menschen getötet und zahlreiche Gebäudeschäden herbeigeführt wurden.

Am 10. November 1918 erhielten die Mainzer dann Nachricht von den Waffenstillstandsbedingungen der Alliierten, woraufhin kurzfristig Unruhen ausbrachen, die aber von den neu gebildeten Soldatenräten schnell beendet wurden. Wie in den meisten Teilen Deutschlands konstituierte sich damals auch in Mainz ein Arbeiter- und Soldatenrat, der die Vollziehungsgewalt übernahm. Neben einem Leutnant wählte der Rat den aus Bremen stammenden gemäßigten SPD-Politiker, Redakteur, Landtagsabgeordneten und Stadtrat Bernhard Adelung zum Vorsitzenden. Er rief am 10. November vor der Stadthalle in Mainz die Republik aus, nachdem am 9. November in Darmstadt der dortige Arbeiter- und Soldatenrat Großherzog Ernst Ludwig (1892–1918, † 1937) vom Thron vertrieben und den „Volksstaat Hessen" proklamiert hatte. Mainz war damit Teil einer Republik. Aber die Bindung an die hessische Regierung in Darmstadt wurde sehr bald durch die französische Besatzung stark eingeschränkt.

Mainz unter französischer Besatzung, im „Volksstaat Hessen" und im Dritten Reich

Fünfte französische Besatzung

Wieder einmal war die strategisch wichtig gelegene Stadt am Rhein Objekt einer militärischen Besatzung, zum fünften Mal einer französischen. Das Waffenstillstandsabkommen Deutschlands mit den Alliierten vom 11. November 1918 legte nämlich fest, dass die deutschen Truppen das linksrheinische Deutschland räumen und rechts des Rheins eine zehn Kilometer breite neutrale Zone freilassen sollten. Ferner erhielten die französischen Truppen drei Brückenköpfe, neben Köln und Koblenz die ehemalige „Gute Stadt" Napoleons, nämlich Mainz. Ab 8. Dezember rückten die Franzosen dann in die Stadt ein, die von den Generälen Fayolle und Charles Mangin befehligt wurden. Letzterer zog ins Deutschhaus, das ehemalige großherzogliche Palais. Wie so oft in der Geschichte von Mainz galt dort nun wieder Besatzungsrecht, das viele Einschränkungen des täglichen Lebens und vor allem auch das Verbot der Ausreise in das rechtsrheinische Deutschland brachte. Außerdem beschlagnahmten die Franzosen zahlreiche öffentliche Gebäude, aber auch Wohnungen. Wieder wurden massenhaft Soldaten bei Bürgern einquartiert.

Mainz befand sich somit fest im Griff der französischen Militärmacht, die gegen Verstöße gegen das Besatzungsrecht und oppositionelle Meinungsäußerungen mit großer Härte vorging. Mangin bemühte sich auch die Beziehungen zur hessischen Landesregierung zu unterbinden, deren Funktionen für die Stadt Mainz dem Provinzialdirektor Wilhelm Best übertragen waren.

Gleichzeitig versuchten die Franzosen, ihre Kultur durch Gastaufführungen berühmter französischer Theater und Künstler, durch französischsprachige Presseorgane und kostenlose Sprachkurse der Mainzer Bevölkerung näher zu bringen.

Nachdem der den Besatzern nicht genehme Oberbürgermeister Göttelmann gezwungen worden war am 12. Februar 1919 zurückzutreten, führte nun Bürgermeister Karl Külb, Mediziner aus alter einheimischer Familie, die Geschäfte der Stadt. Der nationalliberale Politiker blieb bis 1931 Oberbürgermeister von Mainz.

Separatistenbewegung

In der französischen Besatzungszeit konnte sich eine Separatistenbewegung entfalten, die in gewisser Anlehnung an vergangene Modelle eine „Rheinische Republik" befürwortete. Exponenten dieser Idee waren der in Wiesbaden lebende Staatsanwalt Hans Adam Dorten und der Mainzer Kunsthistoriker Franz Theodor Klingelschmitt. Da deren Pläne, das Rheinland innerhalb des Reichsverbandes neu zu gliedern, von der hessischen Volkskammer, der Weimarer Nationalversammlung und der Reichsregierung damals abgelehnt wurden, sahen sie einen separaten Rheinstaat vor, der aber am Widerstand der Bevölkerung vorerst scheiterte. Ab Herbst 1923 gab es dann nochmals von den Franzosen geförderte Versuche, doch noch eine „Rheinische Republik" auszurufen. Immerhin konnte ein Trupp Separatisten am 22. Oktober 1923 den Erthaler Hof in Mainz besetzen, wo die Provinzialregierung amtierte. Von dort aus proklamierten diese Leute eine „neue Provinzialregierung" und hissten die grün-weiß-rote Fahne. Obwohl die Stadtbevölkerung diese Bewegung ablehnte, wurde die neu gebildete Behörde von den Franzosen als rechtmäßig anerkannt. Da das Unternehmen jedoch wenig Aussicht auf Erfolg hatte, ließen die Besatzer die Separatisten schließlich im Jahr 1924 fallen.

In der Bevölkerung hatten die Ruhrbesetzung durch die Franzosen, der Appell der Reichsregierung zum passiven Widerstand und die Prozesse des französischen Kriegsgerichts gegen Zechenbesitzer wie Fritz Thyssen, die ihre Kohlelieferungen an Frankreich eingestellt hatten, die nationalen Leidenschaften angeheizt. Diese Leidenschaften und die extremen wirtschaftlichen Probleme führten zu Schwierigkeiten und großer Unzufriedenheit weiterer Bevölkerungskreise.

Die Bürger von Mainz litten wie alle Deutschen nämlich unter Lebensmittelmangel, Wohnungsnot, Arbeitslosigkeit und den Folgen der Hyperinflation, die schließlich dazu führte, dass ein Brötchen wertlose Millionen Mark kostete.

Ein Gesetz des Volksstaats Hessen von 1919 legte die politische Ordnung der Stadt fest. Wählen durften demnach jetzt wie überall in Deutschland neben den mindestens 20-jährigen Männern auch die Frauen, und zwar eine Versammlung von 60 Stadtverordneten. Diese wurden nun nach dem Verhältniswahlrecht für drei Jahre gewählt, die Bürgermeister für 12 Jahre. Aufgrund der Wahl 1919 stellte die MSPD als größte Fraktion 22, das (katholische) Zentrum 18, die linksliberale DDP neun, die USPD sechs und die rechtsliberale DVP fünf Abgeordnete. Zum ersten Mal gab es drei Stadträtinnen.

Nachdem die Einwohnerzahl in dieser schwierigen Zeit von 121 000 im Jahr 1914 auf 103 000 im Jahr 1924 zurückgegangen war und das Wirtschaftsleben sich in einer Krise befunden hatte, verbesserte sich die Lage mit der Währungsreform und der wirtschaftlichen Stabilisierung im Reich allmählich auch in Mainz. Dies wirkte sich wiederum positiv auf den kulturellen Bereich (Stadtbibliothek, Gutenberg-Museum, Volkshochschule, Musikpflege, Theater und Lichtspiele) aus.

Stadterweiterung und Bevölkerungsstruktur

Das Jahr 1930 brachte dann das Ende der französischen Besatzung am 30. Juni, den endgültigen Abbruch der noch bestehenden Befestigungsanlagen und somit viele Möglichkeiten der Erweiterung und Umgestaltung der Stadt. Außerdem konnte man jetzt daran gehen, schon seit langem geplante Eingemeindungen durchzuführen, die für das Leben der Großstadt und vor allem für deren industrielle Entwicklung und Expansion von großer Bedeutung sein mussten. Nachdem die Stadt nämlich noch vor dem Ersten Weltkrieg durch die hinzugewonnenen Orte Mombach (1907), Kastel (1908), Amöneburg (1908) und Kostheim (1913) schon stark gewachsen war,

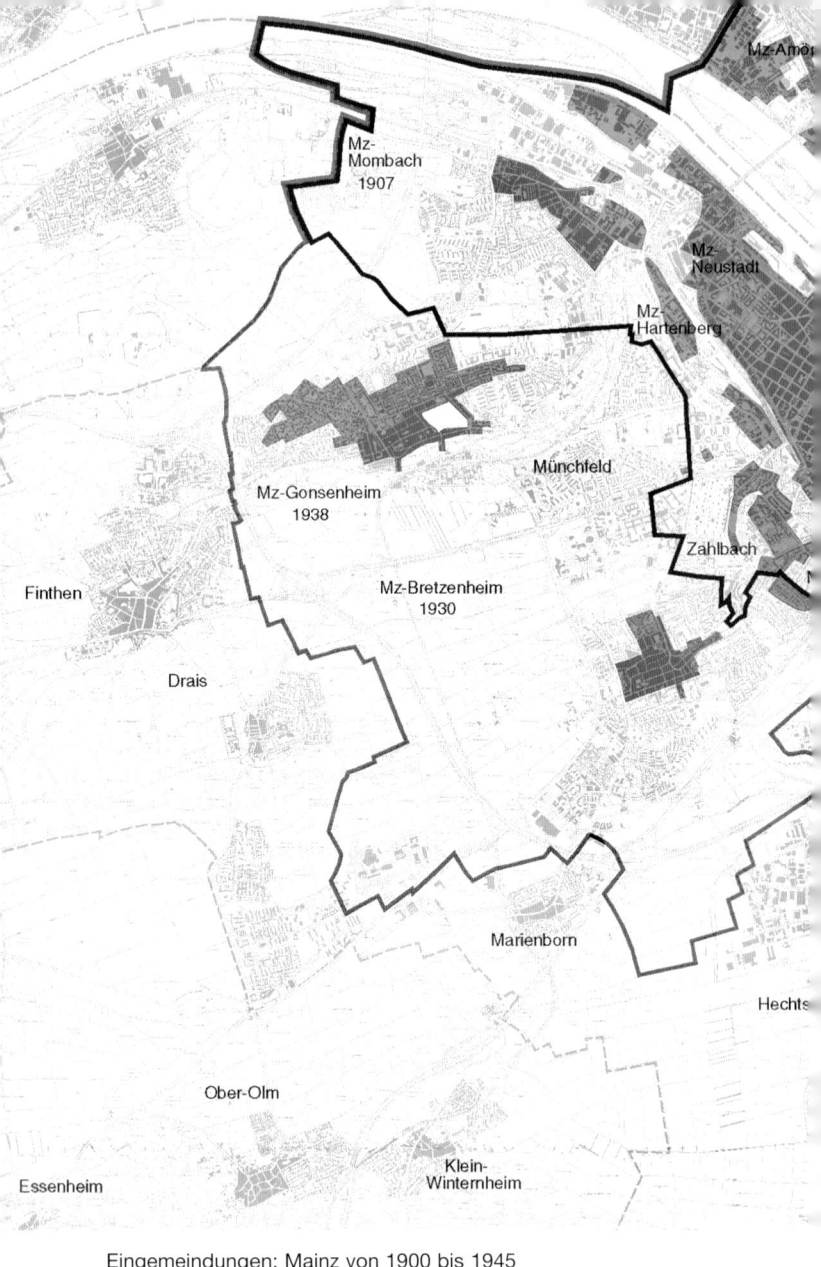

Eingemeindungen: Mainz von 1900 bis 1945

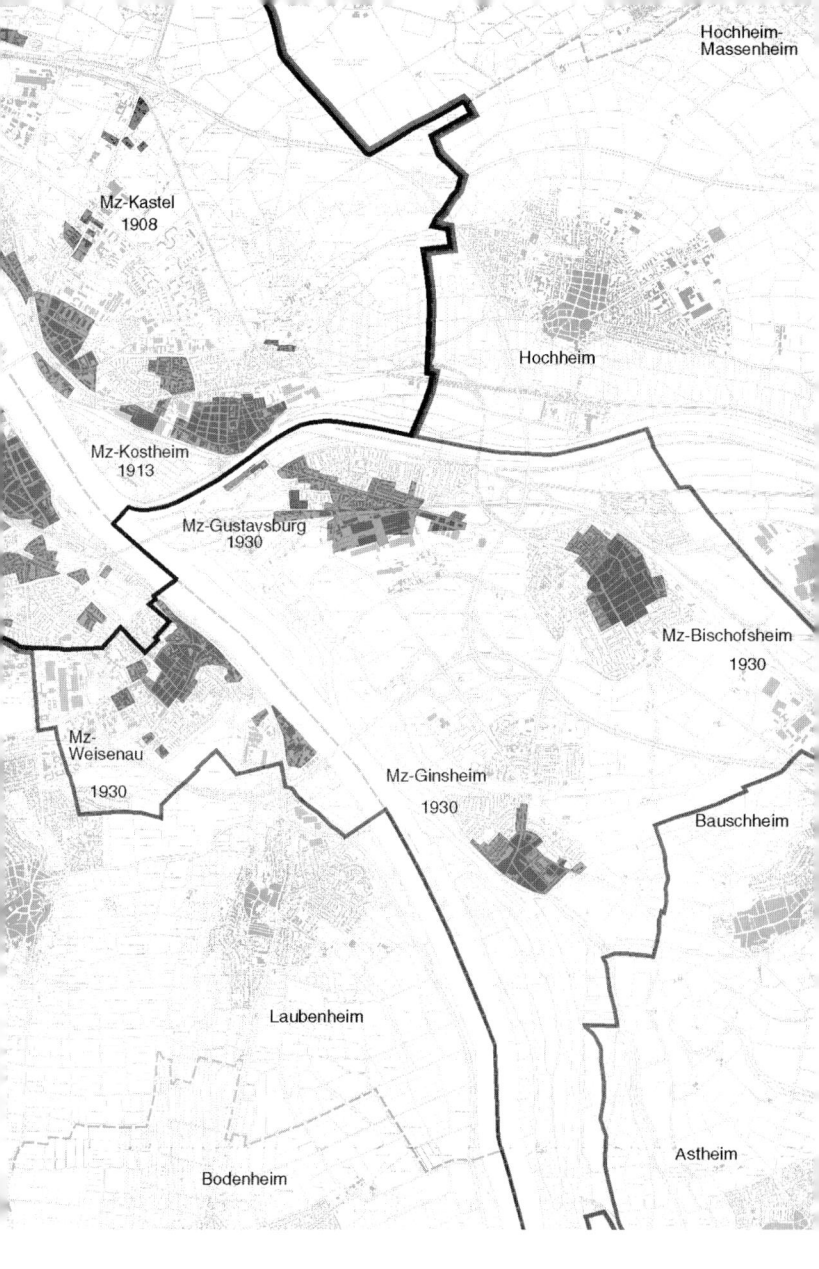

Hochheim-
Massenheim

Mz-Kastel
1908

Hochheim

Mz-Kostheim
1913

Mz-Gustavsburg
1930

Mz-Bischofsheim
1930

Mz-
Weisenau

1930

Mz-Ginsheim
1930

Bauschheim

Laubenheim

Astheim

Bodenheim

erweiterte sich das Stadtgebiet durch die neuen Eingemeindungen von 1930 noch einmal gewaltig. Damals kamen Gustavsburg, Bischofsheim, Ginsheim rechts des Rheins sowie
Bretzenheim und Weisenau links des Rheins hinzu, im Jahr
1938 dann auch noch Gonsenheim. Nun war das rechtsrheinische Mainz, in dem sich ca. 34 000 Menschen und besonders
viele Industriebetriebe befanden, mit 4669 ha sogar etwas größer als das ca. 100 000 zählende, 4602 ha umfassende linksrheinische Mainz. 64% der Bevölkerung lebten in Alt-Mainz,
während die rechtsrheinischen Stadtteile recht dünn besiedelt
waren. 1930 überwogen unter den hauptberuflichen Tätigkei-
ten mit 45,3% die Arbeiter, während 18% selbständig waren.
78 500 Katholiken (58,6%) standen damals 48 500 Protestanten (36,2%), 3000 Juden (2,24%) und 3900 (2,9%) „Sonsti-
gen" gegenüber. Die Konfessionsstruktur hatte sich somit im
Vergleich zum späteren 19. Jahrhundert, abgesehen vom leich-
ten Rückgang des Prozentsatzes der jüdischen Bevölkerung,
wenig verändert.

Politische Entwicklung und Anwachsen der NSDAP

Wenn wir einen Blick auf die politische Konstellation in
Mainz werfen, so ist festzuhalten, dass im Stadtrat zwar in den
Jahren der Weimarer Republik die SPD die stärkste und das
Zentrum die zweitstärkste Partei blieben, beide jedoch bis
1929 Verluste hinnehmen mussten, während mehrere neue
politische Formationen auftauchten.

Bei den Reichstagswahlen von 1930 wurde die NSDAP in
Mainz schon drittstärkste Partei, während sie bei der Landtagswahl am 15. November 1931 sogar infolge der Weltwirt-
schaftskrise zur stärksten Kraft aufstieg. Dies geschah, obwohl
man in der Diözese Mainz einen besonders harten Kurs gegen
die Nationalsozialisten einschlug und obwohl die katholische
Kirche dort ihre Gläubigen mit Exkommunikation bedrohte,
falls sie der NSDAP beitreten würden.

Damals wuchs die Zahl der Arbeitslosen beständig und
erreichte im September 1932 schon 17 000. 1930 benötigte die

Stadt, die 10 169 Wohlfahrtserwerbslose unterhalten musste, zu diesem Zweck ca. 11 Millionen Mark, wo 1927 noch zwei Millionen ausgereicht hatten. Trotz Entlassungen und Lohnkürzungen stand der städtische Haushalt vor dem Zusammenbruch. Während sich Not und Elend immer mehr ausbreiteten, erhielten die Extremisten links und rechts, d. h. die Kommunisten und die Nationalsozialisten, die kräftig gegen die Etablierten, die „Korruption" der Parteien und die Juden hetzten, immer mehr Zuwachs.

Die NSDAP hatte sich in den 20er-Jahren zunächst im Mainzer Raum kaum entwickeln können und bildete ein kleines politisches Grüppchen. 1929 versammelte sich die noch unbedeutende Ortsgruppe im Haus des Evangelischen Vereins. Noch im Januar 1930, als die Mitglieder den Studienrat Ludwig Zerbes zum Ortsgruppenleiter und ersten NSDAP-Kreisleiter von Mainz wählten, gab es nur 30 bis 50 Parteigenossen. Nach dem Abzug der Franzosen am 30. Juni 1930 nahmen diese allerdings den erbitterten Kampf gegen die „schwarz-rote Hochburg", d. h. gegen die in Mainz etablierten Parteien auf. Im August 1930 führte die NSDAP zum ersten Mal in der Stadthalle eine von Tausenden besuchte Wahlveranstaltung durch und errang „bei der so genannten Erdrutschwahl" (F. Schütz) am 14. September 1930 immerhin 12 111 Stimmen in der Gutenbergstadt.

Adolf Hitler trat vor seiner Machtergreifung zweimal in Mainz auf, nämlich am 11. November 1931 in der Stadthalle vor der Landtagswahl und am 13. Juni 1932 im Fußballstadion vor der Reichstagswahl. In diesem Jahr wählten die Mitglieder der Mainzer NSDAP den Juristen Dr. Werner Best zum Kreisleiter, der mit zersetzender Häme die demokratischen Politiker und die Institutionen der Republik heftig angriff.

Mainz im Dritten Reich

Obwohl die NSDAP bei den Reichstagswahlen am 6. November 1932 gegenüber denen am 31. Juli 1932 reichsweit Verluste erlitten hatte, wurde durch den unter unkontrollierbaren Einflüssen stehenden Reichspräsidenten von Hindenburg bei einem Reichstag, in dem die NSDAP die stärkste und die KP die drittstärkste Partei bildeten, am 30. Januar 1933 Adolf Hitler zum Reichskanzler ernannt. In Mainz formierte sich sogleich ein Protestzug von Kommunisten, denen sich auch Leute des (sozialdemokratischen) Reichsbanners anschlossen. Damals zogen 3000 Demonstranten durch die Stadt, denen sich Hitlersympathisanten entgegenstellten. So kam es zu wüsten Schlägereien mit Messerstechereien. Allerdings konnte die Polizei das Schlimmste verhindern.

In den für den 5. März 1933 von Hindenburg ausgeschriebenen Neuwahlen im Reich, bei denen die Freiheitsrechte durch Hitler schon stark eingeschränkt worden waren, errangen die Nationalsozialisten wie fast überall in Deutschland wieder die Position der stärksten Partei, in Mainz allerdings weit weniger als der Reichsdurchschnitt von 43,9% der Stimmen. In der Stadt am Rhein erhielt nämlich die NSDAP im März 1933 zwar 33 262 von 97 000 gültigen Stimmen oder 34,4% gegenüber 23 185 im November 1932. Aber dies waren immerhin 8,5% weniger als der Reichsdurchschnitt. Die SPD nahm mit 21 805 Stimmen gegenüber 20 928 1932 sogar zu und bekam 1933 noch 21,2%. Auch das Zentrum legte gegenüber 1932 zu und hielt sich mit 18 790 der Voten bei 20%. Für die etwas verlierende KPD stimmten 13 502 Mainzer oder 14,4%. Die Kampffront Schwarz-Weiß-Rot bekam 3001 Stimmen oder 3,2%, die rechtsliberale DVP schrumpfte auf 1424 oder 1,5%, die liberale Staatspartei auf 1061 oder 1,1% und der Christlich-Soziale Volksdienst auf 1144 oder 1,2% zusammen.

Somit erhielt die Hitler-Koalition (NSDAP, Schwarz-Weiß-Rot) zwar in Mainz ähnlich wie in Bayern keine absolute Mehrheit, aber angesichts der starken KPD gewannen auch, ähnlich wie in der Hauptstadt Berlin, wo KPD und NSDAP zusammen schon eine negative Sperrmajorität hatten, die demokratischen Parteien keine Mehrheit mehr. Sie erhielten nämlich zusammen nur noch 45%.

Wie überall im Reich kam es im März 1933 auch in Mainz und im Volksstaat Hessen zur Gleichschaltung. Trotz Ableh-

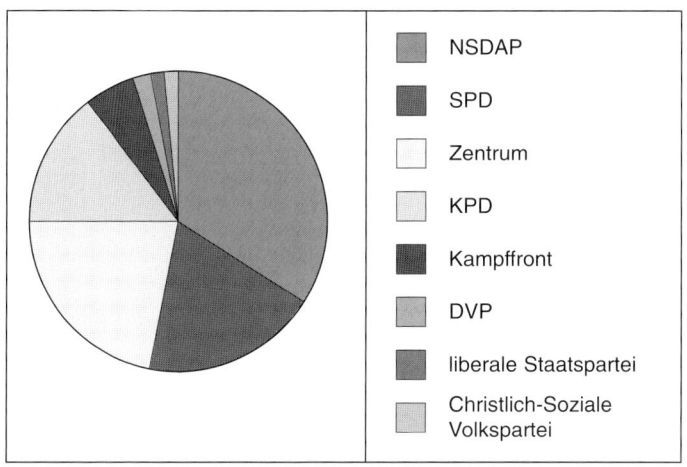

	NSDAP
	SPD
	Zentrum
	KPD
	Kampffront
	DVP
	liberale Staatspartei
	Christlich-Soziale Volkspartei

nung durch Oberbürgermeister Wilhelm Ehrhard hissten am 7. März SA-Mitglieder auf dem Stadthaus und anderen öffentlichen Gebäuden die Hakenkreuzfahne, während die NSDAP wie in ganz Hessen die Polizeigewalt an sich riss. Der Landtag wählte außerdem den NSDAP-Politiker und bisherigen Landtagspräsidenten Ferdinand Werner anstelle des SPD-Politikers Bernhard Adelung zum neuen Staatspräsidenten in Darmstadt, und Werner Best wurde „Sonderkommissar" der hessischen Polizei und richtete in Osthofen bei Worms ein Konzentrationslager ein. Als Gauleiter und Reichstatthalter in Hessen fungierte Jakob Sprenger.

Wie in anderen deutschen Freistaaten stimmte auch der hessische Landtag, hier allerdings schon am 13. März 1933, für ein Ermächtigungsgesetz, das die NS-Diktatur legitimieren sollte. Am 23. März entließ man Oberbürgermeister Ehrhard. Er wurde nun durch den kommissarischen Oberbürgermeister Philipp Wilhelm Jung ersetzt, der sofort Entlassungen politisch unliebsamer Amtschefs und Beigeordneter durchführte sowie Straßen und Plätze umbenennen ließ, so den Halleplatz in Adolf-Hitler-Platz.

Schon im April 1933 begann, mit dem Leitspruch „Deutsche kauft nicht beim Juden", der Boykott und gleich darauf auch die Verfolgung jüdischer Mitbürger. „Nichtarische" Einwohner wurden gemäß „Gesetz zur Wiederherstellung des Berufsbeamtentums" aus dem öffentlichen Dienst entlassen. Gleichzeitig schritten in diesem autoritären System überall die Gleichschaltung der Presse, Gewerkschaften, Berufsgruppen, Volksvertretungen und des Stadtrates sowie die Erfassung der Kinder und Jugendlichen in der Hitlerjugend voran. Am 12. Juli 1933 wurden außerdem alle übrigen Parteien verboten.

Da Jung zum Staatssekretär befördert wurde, rückte Dr. Robert Barth, ein ehemaliger Richter aus der Gegend von Groß-Gerau, 1934 zum kommissarischen Oberbürgermeister und Stadtkommissar auf.

Den Kirchen blies bald ein starker Wind ins Gesicht. In der evangelischen Kirche kam es, in Mainz wie meist in Deutschland, zur Spaltung. Auf der einen Seite stand die „Glaubensgemeinschaft Deutsche Christen", die dem Zeitgeist entsprechend ein völkisch ausgerichtetes Christentum in Synthese mit der nationalsozialistischen Ideologie und mit Anwendung des „Arierparagraphen" (Ausschluss Jüdischstäm-

„Treueschwur" der politischen Führungsschicht der NSDAP in der Mainzer Stadthalle, Februar 1934

130

miger) propagierte. Die Deutschen Christen, die bei den Syno-dalwahlen im Reich durchschnittlich 70% erhielten, gewannen in Mainz ebenfalls die meisten Kirchenwahlen. Besondere Zentren waren die Pfarreien der Johanniskirche und der Altmünsterkirche. Auf der anderen Seite bildete sich auch in Mainz ein dieser Haltung entgegenstehender Pfarrernotbund, aus dem 1934 die „Bekennende Kirche" hervorging. Zu ihren Gründern gehörten in der Stadt die damaligen Pfarrer der Christuskirche, Karl Trabandt und Gustav Hoffmann.

Ebenso verschärften sich auch in Mainz die Maßnahmen gegen die katholische Kirche, deren „undeutschen" Charakter man anprangerte und gegen deren Geistliche man groß aufgemachte Diffamierungsverfahren (Devisen- und Sittlichkeitsprozesse) in Gang setzte. Auch Bischof Ludwig Maria Hugo (1921–1935), der den Hitlergruß sowie eine Ergebenheitserklärung dem Führer gegenüber verweigerte und sich außerdem mit dem Gauleiter Sprenger anlegte, wurde schwer angegriffen. Ähnliches galt für seinen Nachfolger Bischof Albert Stohr (1935–1961). In ganz Deutschland und so auch in Mainz behauptete sich die katholische Kirche allerdings als geschlossene Institution und leistete vielfach passiven politischen Widerstand gegen das Regime. Dieses war besonders empört über die Verlesung der in großer Auflage gedruckten (bisher einzigen in deutscher Sprache verkündeten) päpstlichen Enzyklika „Mit brennender Sorge" vom 4. März 1937. In dieser Enzyklika verurteilte Papst Pius XI. (1922–1939) scharf die völkisch-rassistische Weltanschauung und prangerte schonungslos den Kampf gegen die katholische Kirche vor aller Welt an. In der Folgezeit gerieten hierauf immer mehr katholische Priester mit dem Regime in Konflikt.

Wirtschaftlich konnte ein zunehmender Aufschwung erzielt und die Arbeitslosigkeit mehr und mehr überwunden werden. Allerdings finanzierte man vieles durch Kreditaufnahme und das Regime rüstete das Reich systematisch auf, was zu einer wachsenden Verschuldung des Staates führte. Wie in anderen Teilen des Reiches versuchte man auch in Mainz durch Notstandsarbeiten und Förderung der Bauwirtschaft (Errichtung von Ein- und Mehrfamilienhäusern, Kleinwohnungen, „Vorstädtischen Kleinsiedlungen") Arbeitsplätze zu schaffen. Auch die Industrie blühte, nicht zuletzt durch die verstärkte Aufrüstung, auf, besonders Firmen wie Werner & Mertz, Kalkhof, Dyckerhoff und MAN.

Da das Regime es verstand, durch eindruckvolle Massenveranstaltungen die Bevölkerung zu begeistern, schuf es zu diesem Zweck eine Plattform wie den Thingplatz am Fort Weisenau, wo die „großen nationalen Feiern" mit Aufmärschen, Fahnen, Musik, Treuegelöbnissen und altgermanischen Ritualfeiern begangen wurden.

Im Mai 1939 zählte Mainz 158 303 Einwohner und das Stadtgebiet war auf 9312 ha angewachsen, als am 1. September des gleichen Jahres durch den Einmarsch deutscher Truppen in Polen durch Hitler der Zweite Weltkrieg entfesselt wurde, der das Leben der Stadt nach einiger Zeit grundlegend verändern sollte.

Im Zweiten Weltkrieg

Zunächst gab man Lebensmittelkarten aus und verpflichtete Häuser und Betriebe nachts das Beleuchten zu unterlassen. Bald erschienen in den Zeitungen die Anzeigen gefallener Soldaten, deren Zahl mehr und mehr zunahm. Da sich Oberbürgermeister Barth freiwillig an die Front gemeldet hatte, vertrat ihn zunächst der Provinzialdirektor Wilhelm Wehner.

Schon 1940 gab es die ersten Luftangriffe auf die Stadt. Im September 1941 warfen alliierte Flugzeuge Brandbomben auf den Hauptbahnhof und Umgebung ab. Die Luftangriffe wurden jedoch immer schlimmer und zerstörerischer, wie z. B. die der britischen Air Force im August 1942, die viele Tote und Verletzte und große Zerstörungen der Innenstadt zur Folge hatten. Nachdem Oberbürgermeister Barth am 15. Mai 1942 an der Front gefallen war, wurde der vormalige Oberbürgermeister von Gießen, Heinrich Ritter, neuer Oberbürgermeister von Mainz.

Wie überall in Deutschland wurde das totalitäre Regime auch in der Gutenbergstadt im Laufe des Krieges immer drückender. Schon eine Kritik am Führer, am Regime oder an der Kriegsführung konnte ausreichen, um ohne Prozess ins KZ, ins Gestapo- oder Polizeigefängnis eingesperrt zu werden. Verhöre und Hausdurchsuchungen häuften sich. Während ein gewisser passiver Widerstand zunahm, rechnete das Regime gnadenlos mit seinen Gegnern ab. So wurden nach dem Attentatsversuch vom 20. Juli 1944 auf Hitler in Mainz 60 Menschen verhaftet. Die bekanntesten waren die beiden SPD-Politiker Wilhelm Leuschner und Ludwig Schwamb, die 1944 bzw. 1945 in Berlin-Plötzensee hingerichtet wurden, und der ehemalige Zentrumsvorsitzende in Hessen, der Rechtsanwalt Fritz Bockius. Letzterer starb im März 1945 im Konzentrationslager Mauthausen.

Da die arbeitsfähigen Männer großenteils an der Front kämpften, setzte man Tausende von Fremdarbeitern und -arbeiterinnen ein, d. h. Kriegsgefangene, Zwangsarbeiter, Zivilarbeiter. Dazu kamen politische Gefangene.

Während man versuchte durch Unterhaltung und Kultur die Stimmung der Bevölkerung zu heben, verschlechterten sich die Lebensbedingungen in Mainz zunehmend durch die Luftangriffe 1944, die zahlreiche Tote forderten und immer mehr Gebäude zerstörten. Man musste deshalb viele Menschen aufs Land evakuieren. In den Schulen fiel außerdem immer häufiger der Unterricht aus. Gleichzeitig setzte man die Schüler der oberen Klassen als Flakhelfer ein.

Die Gestapo verschärfte ihre Unterdrückungspolitik, deportierte die noch verbliebenen Juden und kündete die Zwangsevakuierung der Mainzer Geistlichkeit an, eine Maßnahme, die man dann aber zunächst auf den beim Regime besonders verhassten Bischof Stohr und dessen enge Mitarbeiter beschränken wollte. Vorher gewarnt, konnte der Bischof jedoch in einem rheinhessischen Dorf untertauchen und sich auf diese Weise der angeordneten Verhaftung entziehen.

Im Jahr 1945 häuften sich dann die Luftangriffe und forderten immer mehr Opfer in der Zivilbevölkerung, so am 27. Februar 41 Kapuzinerinnen des Klosters „Zur ewigen Anbetung". Im März gab es innerhalb von 20 Tagen nicht weniger als 57-mal Fliegeralarm. Aber es näherte sich schon das

Blick vom Dom auf die zu 80 Prozent zerstörte Mainzer Innenstadt, 1945

Ende des Krieges und damit des Schreckensregimes, das noch in den letzten Tagen zuschlug. Während Oberbürgermeister Ritter angesichts der für ihn verlorenen Sache die Stadtverwaltung für beendet erklärte und später in Bayern untertauchte, sprengte man in der Nacht vom 17. zum 18. März noch die Rheinbrücken vor den anrückenden Amerikanern. Bürger, die in Hechtsheim eine weiße Fahne hissten, wurden auf der Stelle standrechtlich erschossen, ebenso 31 russische Zwangsarbeiter. Am 21. März 1945 war es dann soweit: die ersten amerikanischen Panzer nahmen die Hechtsheimer Höhe ein, einen Tag später erreichten sie das Zentrum von Mainz. Die Stadt war vom Krieg schwer gezeichnet: 61 % aller Bauten und 80 % der Innenstadt lagen in Trümmern. Anstelle der 1939 gezählten 154 000 Einwohner lebten im Mai 1945 nur noch 76 000 in der Stadt Gutenbergs.

Besetzung durch die Franzosen
und Landeshauptstadt von Rheinland-Pfalz

Sechste französische Besatzung

Obwohl die Stadt Mainz zunächst durch amerikanische Truppen erobert wurde, war sie seit den Beschlüssen der Alliierten in Jalta als Teil der französischen Besatzungszone vorgesehen. Die Amerikaner mussten zunächst das Nötigste für das Überleben der vom Krieg geschundenen Bevölkerung veranlassen. Von Bedeutung war hierfür die Ernennung des Regierungsrates Dr. Rudolph Walther zum Oberbürgermeister. Dieser versuchte, durch eine Notverwaltung ein Minimum an Ernährung, ferner die Versorgung mit Trinkwasser, Gas und Elektrizität sicherzustellen. Obwohl wegen der enormen Kriegszerstörungen der Wohnraum äußerst knapp war, mussten auch noch Wohnungen an die Besatzungssoldaten abgetreten werden.

Am 9. Juli 1945 wurden dann die amerikanischen durch französische Truppen ausgetauscht und Mainz erlebte seine sechste Besetzung durch die Franzosen seit 1644. Unter der von General Koenig in Baden-Baden geleiteten Militärregierung war damals der Elsässer Major Louis Kleinmann Stadtkommandant. Obwohl dieser Verständnis für die Mainzer zeigte, war die französische Besatzungspolitik in Folge der Leiden, der Ausbeutung und der Demütigungen, die Frankreich im Krieg durch die Deutschen erleiden hatte müssen, relativ hart. Am 17. August 1945 ersetzten die Franzosen Oberbürgermeister Walther durch Emil Kraus, während der „Stadtausschuss" und die meisten Dezernenten aus amerikanischer Zeit bleiben konnten, darunter Regierungsrat Michael Oppenheim für Kultur, Dr. Carl Dassen für Bauwesen und Dr. Wilhelm Westenberger für Rechtsangelegenheiten. Sie arbeiteten in der Kunstgewerbeschule am „Pulverturm", die bis 1973 als Stadthaus diente.

Für Mainz bedeutete es einen schweren Schlag, dass die Stadt ähnlich wie Berlin geteilt wurde. Da nämlich der Rhein im mittelrheinischen Bereich Zonengrenze wurde, verlor die Gutenbergstadt mit ihren sechs rechtsrheinischen Stadtteilen mehr als die Hälfte ihres Gebietes und über 28,5 % der Bevölkerung sowie bedeutende Industriebetriebe.

Während das durch den Krieg ausgelaugte Frankreich nun möglichst viel aus seiner Besatzungszone herausholen wollte und Industrieanlagen demontierte, galt es, in der Stadt den Schutt wegzuräumen und angesichts der großen Not die gewerbliche Produktion wenigstens einigermaßen wieder anzukurbeln. Zu diesen Problemen kamen starke Einschränkungen wie Ausgangssperre und Ausreiseverbot in andere Zonen.

Die 1938–1940 erbaute Flakkaserne wurde 1946 von den Franzosen zur neuen Universität umfunktioniert

Gründung der Universität 1946

War die französische Besatzungspolitik auf der einen Seite drückender und härter als die der Amerikaner und Engländer, so zeichnete sie sich andererseits durch eine besonders aktive, positive Kultur- und Bildungspolitik aus. Die wichtigste Aktion in diesem Bereich war die von General Raymond Schmittlein, der in der Militärregierung für Kultur und Bildung zuständig war, betriebene „Wiedereröffnung" der Mainzer Universität, die 1798 von den Franzosen in aller Form aufgehoben worden war. Die am 22. Mai 1946 in der ehemaligen Flakkaserne an der Saarstraße als Campus eröffnete Johannes Gutenberg-Universität war die erste Neugründung einer deutschen Nachkriegshochschule mit neuen Formen, Betonung des Studium generale und neuem Geist. Diese damals wegen der großen Not und des katastrophalen Wohnungsmangels von vielen Mainzern ungern gesehene Neugründung zählte jedenfalls zu den Großtaten französischer Besatzungspolitik. Schon Ende Mai 1946 begannen die Vorlesungen und mehr als 2000 Studierende mussten irgendwie untergebracht werden.

Die Universität, die durch die Gründung einer Medizinischen und einer Naturwissenschaftlichen Fakultät im Wintersemester 1946/47 erheblich vergrößert wurde, blieb zunächst relativ isoliert. Weitere für den Kultur- und Wissenschaftsstandort Mainz wichtige Gründungen waren die „Akademie der Wissenschaften und der Literatur" und das Max Planck-Institut für Chemie im Jahr 1949, ferner das „Institut für Europäische Geschichte" in der Domus Universitatis, dem alten Universitätsgebäude, 1951.

Langsamer und schwieriger Aufschwung im neu geschaffenen Land Rheinland-Pfalz

In den Jahren 1946 und 1947 erwies sich die Versorgungslage in Mainz als katastrophal, noch wesentlich schlechter als etwa in den Städten der amerikanischen oder britischen Zone. Die Folge waren Unterernährung, Hunger, Seuchen und Mangelkrankheiten sowie Diebstähle und eine ausgeprägte Hamster- und Tauschwirtschaft. Als Zentrum des Schwarzhandels galten vor allem die zerstörten Gassen der südlichen Altstadt.

Während sich das Leben in Mainz erst allmählich norma-
lisierte, gab es noch viel Elend: Wohnungsnot, Vermisste und
in Kriegsgefangenschaft Festgehaltene. Betroffen waren zahlreiche Mainzer auch von der durch die Besatzungsmacht
angeordneten Entnazifizierung. So wurden etwa alle im öffentlichen Dienst Beschäftigten überprüft und dann, falls belastet,
teilweise entlassen.

Für das weitere Leben der Stadt erwiesen sich jedoch die
Einführung der Währungsreform und der Beitritt der Französischen Zone zum westdeutschen Staat, d. h. zur Bundesrepu-
blik Deutschland, als positiv, da es nun wirtschaftlich konstant
aufwärts ging. Von entscheidender Bedeutung für Mainz war,
dass die Franzosen es am 30. August 1946 zur Hauptstadt des
von ihnen neu geschaffenen Landes Rheinland-Pfalz machten.
Da aber die „wohnlichen Voraussetzungen" zunächst fehlten,
wurde einstweilen Koblenz provisorischer Sitz der Landesregierung mit Wilhelm Bode (1946–1947) als erstem Minister-
präsidenten. Es konnten sich auch wieder von der Besatzungsmacht zugelassene Parteien bilden: die Kommunistische
Partei, die Sozialdemokratische Partei, die CDU und schließlich die Liberalen. Bei den ersten freien Wahlen nach 1932,
d. h. den Kommunalwahlen vom 15. September 1946, errangen bei einer hohen Wahlbeteiligung von 87% die CDU in
Mainz 42%, die SPD 30% und die KP 12%. Deshalb stellte die
CDU 16 Mitglieder des Stadtrates, die SPD 11, die KP 5 und die
beiden Freien Listen zusammen vier. Der Stadtrat bestätigte
dann mit 30 von 36 Stimmen Oberbürgermeister Emil Kraus
im Amt. Da sich bei der Kommunalwahl von 1948 die politischen Kräfte in Mainz verschoben und die SPD zur größten
Partei aufstieg, wurde im Februar 1949 nun anstelle von Kraus
der SPD-Politiker Franz Stein Oberbürgermeister, eine Position, die der sozialpolitisch stark engagierte Mann für die
nächsten 16 Jahre innehatte.

Hauptstadt des Landes Rheinland-Pfalz
und Sitz des ZDF

Bei der Abstimmung über die Verfassung vom 18. Mai 1947 des neuen Landes Rheinland-Pfalz mit umstrittenen Bestimmungen zugunsten der Konfessionsschulen votierten die Mainzer mit 57% gegen die Verfassung. Auch die Freude über das neue Land und die damit verbundene Hauptstadtrolle fehlte anfangs noch. Aber bald stritten sich Koblenz und Mainz darum. Am 4. April 1950 wurde sogar ein Antrag, die Regierung möge jetzt endlich nach Mainz umziehen, mit 43 zu 43 Stimmen blockiert. Während die Mehrheit der CDU-Abgeordneten für Mainz stimmte, taten dies nur wenige Sozialdemokraten, da sie dem neu geschaffenen Land offensichtlich mit Skepsis gegenüberstanden. Der aus Koblenz stammende Ministerpräsident Peter Altmeier (CDU, 1947–1969) forderte schließlich den Umzug nach Mainz und der Landtag stimmte dann am 16. Mai 1950 zu. Jetzt galt es, die Ministerien nach Mainz zu verlegen und den Landtag in das wiederhergerichtete Deutschhaus zu transferieren. Letzteres geschah am 18. Mai 1951. Erst jetzt war Mainz somit nicht nur theoretisch, sondern auch wirklich Landeshauptstadt und konnte in dieser Beziehung an Traditionen der Kurfürstenzeit anknüpfen.

Bis 1950 wurden der Nordflügel des Kurfürstlichen Schlosses wiederaufgebaut, ferner die Straßenbrücke im gleichen Jahr eingeweiht und das wiederhergestellte Stadttheater 1951 eröffnet. Aber der Wohnungsbau sowie die Schaffung von Arbeitsplätzen und damit verbunden der wirtschaftliche Aufschwung blieben die wichtigsten Anliegen. Dazu gehörte auch die Ansiedlung neuer Industrien in der seiner wichtigsten Gewerbezentren beraubten Stadt. 1951 kamen die weltberühmten „Jenaer Glaswerke" nach Mombach, wodurch in Mainz Tausende von Arbeitsplätzen entstanden. Neben anderen Firmen siedelten sich auch die Berliner Papier- und Schreibwarenfabrik Krause und ein Werk der Deutschen Nestlé an. Ganz allgemein wirkte sich das Wirtschaftswunder der Adenauerzeit auch auf die Gutenbergstadt positiv aus. Allerdings litt Mainz nach 1952 unter einer Krise: Die Zahl der

Das ZDF auf dem Lerchenberg aus der Luftperspektive

Studierenden ging gewaltig zurück und der Aufbau der Innenstadt vollzog sich weitgehend ohne Konzeption und nur stockend. Es fehlte eine großzügige Planung und man riss zum Ärger des damaligen Stadtheimatpflegers Fritz Arens aus tagespolitischen und kurzfristigen finanziellen Gründen viele noch stehende Ruinen und Reste wertvoller historischer Gebäude ab und ersetzte sie durch nüchterne, nichtssagende Bauten ohne spezifischen Charakter.

Einen Anschub und eine neue Motivation brachte die bevorstehende Zweitausendjahrfeier der Stadt 1962. Damals setzte man der St. Peterskirche ihre spätbarocken Zwiebeltürme wieder auf, gab der St. Stephanskirche ihre frühere Kuppel zurück und restaurierte den Holzturm sowie viele andere Gebäude; außerdem errichtete man an der Großen Bleiche Bauten für mehrere Ministerien. Allgemein wuchsen das Bewusstsein und der Stolz, eine historisch bedeutende Stadt und Hauptstadt eines Bundeslandes zu sein, deren Fastnachtssendung „Mainz wie es singt und lacht" sich im Fernsehen bundesweiter Beliebtheit erfreute. Die eigentliche Zweitausend-

Neues Rathaus, Ende 1973 eröffnet

jahrfeier wurde im Juni 1962 mit Festakt in Anwesenheit des Bundespräsidenten, Wiedereröffnung von Museen, Feuerwerk, Schiffskorso und Volksfest begangen. Noch im gleichen Jahr wandelte man die Ruine der St. Christophkirche zu einem Mahnmal für die Opfer der Kriege um.

Von großer Bedeutung für die Stadt und ihr deutschlandweites Renommee war die Schaffung des neuen Stadtteils Lerchenberg auf einem vom Land Rheinland-Pfalz der Stadt geschenkten Baugrund und die Gründung des Zweiten Deutschen Fernsehens 1963, wodurch Mainz ein wichtiges überregionales Medienzentrum wurde. Das ZDF ging unter seinem ersten Intendanten, dem Philosophieprofessor der Universität Mainz, Karl Holzamer, am 1. April 1963 auf Sendung. Lerchenberg konnte sich dann in der Folgezeit zu einer Medienstadt mit Tausenden von Arbeitsplätzen entwickeln.

In den frühen 1960er-Jahren erlebte Mainz einen wirtschaftlichen Aufschwung, den ab 1965 der neue Oberbürgermeister Jockel Fuchs (SPD) und seine Drei-Parteien-Koalition weiter vorantreiben konnte, u. a. durch die Gründung der

141

Mainzer Aufbaugesellschaft, welche Großbauten ankurbelte, und die Ansiedlung eines bedeutenden IBM-Werkes. Damals wirkten im so genannten „Mainzer Modell" SPD, CDU und FDP zusammen und stellten jeweils Dezernenten der Stadt. Als erster Bürgermeister und Vertreter von Fuchs fungierte der CDU-Mann Dr. Josef Hofmann.

Ende 1952 hatte Mainz die Großstadtmarke von 100 000 Einwohnern erreicht. 1965 waren es schon 149 387. Dementsprechend entstanden neue Stadtviertel und Zehntausende von neuen Wohnungen. Besonders einschneidend für die weitere Entwicklung waren jedoch die Eingemeindungen von 1969, die vom neuen CDU-Ministerpräsidenten Helmut Kohl in Zusammenspiel mit Jockel Fuchs im Zuge der von der Landesregierung durchgesetzten Gebietsreform betrieben wurden. Dies geschah, abgesehen von Ebersheim, gegen den Willen der umliegenden Gemeinden. Aufgrund eines vom Landtag beschlossenen Gesetzes zur „Verwaltungsvereinfachung" wurde angeordnet, dass die großen Dörfer im Umkreis von Mainz, und zwar Laubenheim, Hechtsheim, Ebersheim, Marienborn, Drais und Finthen in die Landeshauptstadt eingemeindet werden sollten. Dadurch verdoppelte sich am 8. Juni 1969 das Stadtgebiet auf 9564 ha. Außerdem kamen 18 000 Einwohner hinzu. Damit verlagerte sich das Stadtgebiet nach Westen und Süden, und zwar nach Rheinhessen hinein, während nun das alte Zentrum den östlichen Teil der Stadt bildete, der vom Rhein begrenzt wurde bzw. wird. Am Rhein entstanden dann als besondere städtebauliche Akzente von 1965 bis 1968 die „Rheingoldhalle" mit Hilton-Hotel und nach längerem Projektieren auch das neue Mainzer Rathaus, das Ende 1973 eröffnet wurde.

In den 1960er- und 1970er-Jahren bemühte man sich darum, frühere Bausünden zu mildern und wenigstens teilweise das historische Stadtbild wiederherzustellen. Neben der Umgestaltung der Domplätze nahm man ab 1969 die Sanierung der Altstadt in Angriff, wodurch historische Reste des malerischen alten Zentrums mit seinen Fachwerkhäusern gerettet wurden. 1990 wurde das Stadttheater in ein Staatstheater umgewandelt mit Mischfinanzierung durch Land und Stadt,

Blick in den Ostchor
der Pfarrkirche
St. Stephan mit
Chagall-Fenstern

1997 zusätzlich ein „Kleines Haus", d. h. ein weiteres Theater
mit 490 Plätzen eingeweiht und schließlich ein bekanntes
Kabarett („Unterhaus") gegründet. Ferner errangen die verschiedenen Museen in der Stadt – Römisch-Germanisches
Zentralmuseum im Schloss, Dom- und Diözesanmuseum, Gutenberg-Museum, Landesmuseum u. a. – einen wichtigen Platz
im Kulturleben der Stadt. Ähnliches galt für die Musikpflege
und die moderne Kunst. Hier sei u. a. auf den von Blasius
Spreng 1967 errichteten Fastnachtsbrunnen vor dem Osteiner
Hof und die Chagall-Fenster in der St. Stephanskirche verwiesen. Auf Bitten von Pfarrer Klaus Mayer schuf Marc Chagall
von 1978 bis 1985 neun Chor- und Querhausfenster, heute eine
besondere Touristenattraktion.

Partnerschaften und wichtige Staatsbesuche

Als Landeshauptstadt mit großer Universität und 2000-jähriger Geschichte pflegte bzw. pflegt die Stadt Partnerschaften mit sieben Städten, angefangen bei Dijon, mit dessen Universität die Johannes Gutenberg-Universität seit langem eine sehr erfolgreiche Partnerschaft unterhält, über das englische Watford, das israelische Haifa, das kroatische Zagreb und das spanische Valencia bis hin zu Erfurt, das in kurfürstlicher Zeit zu Kurmainz gehört hatte und deshalb das „Mainzer Rad" im Wappen führt. Louisville in Kentucky (USA) wurde schließlich 1994 als letzte Kommune Partnerstadt von Mainz.

Selbstverständlich erhielt die Gutenbergstadt am Rhein auch viele Besuche prominenter Persönlichkeiten, so den aller bisher amtierender Bundespräsidenten. Am 9. März 2005 stattete auch Horst Köhler dem Land und der Stadt seinen Antrittsbesuch ab. Aus Frankreich kam schon sehr früh der Bürgermeister von Dijon, der Kanonikus Félix Kir, ehemaliger Mann der Résistance, der 1964 sogar Ehrenbürger von Mainz wurde. 1977 beehrte der französische Staatspräsident Valery Giscard d'Estaing Mainz anlässlich der 500-Jahr-Feier der Universität, bei welcher der damalige Kardinalerzbischof von Krakau, Karol Woityla, die Ehrendoktorwürde der katholischen Theologischen Fakultät erhielt. Wenig später, im Oktober 1978, wurde dieser zum Papst gewählt. Im gleichen Jahr kam Elisabeth II. von England nach Mainz.

Einen besonderen Höhepunkt bedeutete jedoch der Besuch Papst Johannes Pauls II. im November 1980, die erste Visite eines Oberhaupts der katholischen Kirche seit 931 Jahren, d. h. seit 1049, als Papst Leo IX. an einer Synode in Mainz teilgenommen hatte. Zehntausende jubelten dem Papst zu, der in der Gutenbergstadt das Grab Bischof Kettelers besuchte und den Rat der Evangelischen Kirche in Deutschland sowie Vertreter der Juden traf. Nachdem im Jahr 1985 der amerikanische Präsident George Bush sen. nach Mainz gekommen war und dort Bundeskanzler Helmut Kohl getroffen hatte, gab es im Februar 2005 einen weiteren wichtigen ausländischen Besuch und für die Stadt ein besonders einschneidendes

Ereignis: Am 23. Februar 2005 traf nämlich der amerikanische Präsident George W. Bush, der Sohn des oben erwähnten, mit Bundeskanzler Gerhard Schröder im Kurfürstlichen Schloss zu Besprechungen zusammen. Das bedeutete für die Stadt den größten Polizeieinsatz aller Zeiten. Mainz, wo 1000 Polizisten stationiert waren, wurde zur „Festung" und fast ausgestorbenen „Geisterstadt", in der weite Bereiche gesperrt waren, so dass das Berufsleben teilweise zum Erliegen kam. In den Stunden, als der Präsident in Mainz weilte, blieben die Geschäfte geschlossen und die Einwohner konnten Bush nicht in Person, sondern nur im Fernsehen beäugen. Aus Sicherheitsgründen wurden sogar die Autobahnen rund um die Stadt und Strecken des Rheins großräumig abgeriegelt.

Bevölkerungsstruktur sowie politische und kulturelle Entwicklung

Während die Einwohnerzahl von Mainz seit 1965 laufend langsam zunahm, vergrößerte sich seit den 60er-Jahren der Anteil an Ausländern überproportional. Gab es 1967 nur 5924 ausländische Mitbürger, so waren es im Jahr 2004 17% von insgesamt 184 502 Menschen. Gleichzeitig vergrößerte sich der Anteil der über 60-jährigen Deutschen laufend. Auch die Konfessionsstruktur der Stadt hat sich seit der ersten Hälfte des 20. Jahrhunderts stark durch Zunahme der Konfessionslosen und der Muslime verändert, wie die folgende Tabelle zeigt:

Entwicklung der Konfessionsstruktur der Stadt Mainz

	Katholiken	Protestanten	„Sonstige" (einschließlich Konfessionslose)
1930	53,6%	36,2%	5,2%
1989	50,4%	31,6%	18%
2000	41,8%	25,3%	32,9%
2004	39,5%	24,1%	36,4%

Obwohl die Katholiken inzwischen mit knapp 40% in der Stadt keine absolute Mehrheit mehr aufweisen, spielte und spielt ihr Bischofssitz deutschlandweit eine zentrale Rolle, denn der Mainzer Bischof, Karl Lehmann, wurde 1987 zum Vorsitzenden der Deutschen Bischofskonferenz gewählt und behielt, 2001 zum Kardinal ernannt, dieses führende Amt bis 2008.

Politisch war die Stadt seit den 50er-Jahren des 20. Jahrhunderts geprägt durch relativ konservative SPD-Oberbürgermeister – dies galt auch für den nach Jockel Fuchs 1987 angetretenen Herman-Hartmut Weyel – und bis 1984 durch die drei Parteien SPD, CDU und FDP, die lange Zeit nach dem „Mainzer Modell" zusammenarbeiteten und auch die Posten unter sich verteilten. Dagegen formierte sich seit den 1968er-Protestjahren bei manchen Einwohnern Kritik, eine Kritik, die dann später von den Grünen artikuliert wurde.

Bei den Mainzer Kommunalwahlen waren immer SPD und CDU die weitaus stärksten Parteien, wobei die Führungsposition wechseln konnte. Meist lag aber die SPD, die von ihren populären Oberbürgermeistern profitieren konnte, weit vorne, erhielt bei den Stadtratswahlen 1956 und 1964 sogar über 50% der Stimmen. Allerdings wurde sie 1974, 1994 und 2004 von der CDU überrundet. Ab 1979 waren neben der FDP auch die Grünen und seit 2004 die Republikaner im Stadtrat vertreten. Während bei den Wahlen 2004 die CDU in allen Stadtvierteln außer der Neustadt stärkste Partei wurde, bildeten die von vielen Studierenden bewohnten Viertel Neustadt (22,8%) und Altstadt (20,2%) besondere Hochburgen der Grünen. Damals errangen die CDU 23, die SPD 17, die Grünen neun, die FDP fünf, die Republikaner vier und die Stadtratsfraktion ödp/Freie Wähler zwei der 60 Ratssitze.

Recht erstaunlich war die Oberbürgermeisterwahl im Jahr 1996 verlaufen. Der CDU-Kandidat Norbert Schüler lag nämlich im ersten Wahlgang klar vorne. Bei der Stichwahl am 1. Dezember 1996 erhielt jedoch Jens Beutel (SPD) bei 54% Wahlbeteiligung 2151 Stimmen mehr als Schüler und wurde somit der sechste Oberbürgermeister der Nachkriegszeit. Es war das erste Mal, dass in Mainz das Stadtoberhaupt direkt durch die Bürger gewählt wurde, während vorher die Stadt-ratsmehrheit den Oberbürgermeister bestimmt hatte.

Die Verwaltung besteht aus sieben Dezernaten, deren Leiter gemäß „Mainzer Modell" von den verschiedenen Parteien gestellt wurden. Da die CDU im Stadtrat mit 23 gegenüber nur 17 SPD-Verordneten ein Übergewicht besaß, rechnete man bei diesen Wahlen am 21. November 2004 eher mit einem knappen Wahlergebnis und einer Stichwahl. Dann gab es jedoch bei einer geringen Wahlbeteiligung von nur 41,3% eine Überraschung: Der Amtsinhaber von der SPD, der 1946 geborene, aus Westfalen stammende frühere Richter Jens Beutel gewann gleich auf Anhieb mit 52,1% der Stimmen. Sein Herausforderer von der CDU, der durchaus populäre Kulturdezernent, Gymnasiallehrer und „Fastnachter" Peter Krawietz erhielt nur 37,7%. Als Grund für diese erstaunliche Niederlage wurde im Allgemeinen angegeben, dass dieser angesichts des „Mainzer Modells" gegen seinen Duzfreund Jens Beutel keinen Konfrontationskurs gefahren und sich dadurch zu wenig profiliert habe. Die beiden anderen OB-Kandidaten Günter Beck von den Grünen und der parteilose Heinz-Jörg Zeitz mussten sich mit nur 9,2% bzw. 0,99% begnügen.

Bei der Stadtratswahl am 7. Juni 2009 erhielten bei einer Wahlbeteiligung von nur 50,6% die CDU 18 Sitze und 31,1% statt 38% im Jahr 2004, die SPD 23,8% gegenüber 28,8% und die FDP 10,7% statt 7,5%. Der große Gewinner waren die Grünen als erbitterte Gegner des geplanten Kohlekraftwerks, die 21,9% statt 14,3% oder vier Sitze mehr erhielten. Ein besonderes Ereignis war die Einweihung der neuen Synagoge am 3. September 2010. Angesichts der mehr als 1000-jährigen Geschichte der Juden in Mainz fand das Ereignis einen überwältigenden Anklang.

Was macht die Landeshauptstadt mit ihren mehr als 180 000 Einwohnern so interessant und liebenswert? Neben den schönen historischen Bauwerken, allen voran dem mächtigen Dom, sind hier zunächst die Museen zu nennen, das Römisch-Germanische Zentralmuseum, gleichzeitig eine renommierte Forschungs- und Dokumentationsstätte römischer Geschichte, das weltberühmte Gutenberg-Museum, dessen Ausstellungsstücke dem größten Sohn der Stadt und der Entwicklung der Druckkunst gewidmet sind, das Landesmuseum, das Dom- und Diözesanmuseum und andere. Ferner bleibt Mainz seiner jahrhundertealten Tradition treu, ein wichtiges Zentrum der Theaterkultur zu sein. Oper, Operette und Schauspiel werden am Kleinen und Großen Haus, das inzwischen Staatstheater geworden ist, aufgeführt. Im großen sanierten „Moller-Bau" stehen 858 Plätze zur Verfügung. Außerdem wurden und werden zahlreiche Konzerte, Ballette, Kabarette und Chansons sowie Mundartstücke auf verschiedenen Bühnen geboten. Von zentraler Bedeutung ist aber die Rolle von Mainz als neben Köln und vielleicht Düsseldorf wichtigste Hochburg des Karnevals bzw. der Fastnacht.

Die Mainzer Fastnacht

Die Mainzer Fastnacht zieht jedes Jahr in der „fünften Jahreszeit" viele Hunderttausend Besucher an und Millionen werden via Fernsehen durch ihre Umzüge, ihre Fastnachtssitzungen mit Büttenreden und Schunkelliedern erfreut.

Die Wurzeln der Fastnacht liegen sehr früh. Sie wurde jedenfalls schon im Mittelalter vor Beginn der Fastenzeit gefeiert, ist auch in der frühen Neuzeit nachzuweisen und bekam dann durch die Gründung der Mainzer Carnevals- oder Fastnachtsvereine (Krähwinker Landsturm 1837, Ranzengarde 1838, Mainzer Carnevalsverein 1838 und all die folgenden Fastnachtsvereine mit ihren Garden) moderne Konturen mit Rosenmontagszug und Fastnachtssitzungen, in denen mit Mainzer Esprit und Witz der Gesellschaft und der Politik der kritische Spiegel vorgehalten wurde bzw. wird.

Mainz bleibt, so kann man abschließend feststellen, trotz seiner 2000-jährigen Geschichte eine lebendige, lebensfrohe Stadt. Sie ist nicht nur inzwischen wohlbestallte Landeshauptstadt, sondern auch ein wichtiges Industrie- und Dienstleistungszentrum, weltoffen mit bedeutenden Wissenschaftszentren, einer Universität mit beinahe 35 000 (2010) Studierenden, Fachhochschulen, Bildungsstätten, Museen, Theatern und außerdem mit dem ZDF eine Medienhauptstadt.

Zeittafel

ab etwa 23 000 v. Chr.	Besiedlung seit der Altsteinzeit
450 bis 15 v. Chr.	keltische Siedlungen in der Latènezeit
13/12 v. Chr.	*Mogontiacum* Standort von zwei römischen Legionen
nach 9 v. Chr.	Bau des großen römischen Bühnentheaters
39 n. Chr.	Kaiser Caligula in *Mogontiacum*
85 n. Chr.	Verwaltungssitz der römischen Provinz „Germania Superior"
letzte Jahrzehnte des 1. Jhs.	Bau der römischen Wasserleitung
96–98 n. Chr.	der spätere Kaiser Trajan Statthalter in Mainz
259/60	Aufgabe des rechtsrheinischen Limes – *Mogontiacum* römische Grenzstadt
343	Marinus erster Bischof
368	Plünderung durch die Alamannen
406/07	weitgehende Zerstörung von *Mogontiacum* durch Germanen
1. Hälfte 5. Jh.	Bau der St. Albanskirche
bis 456	*Mogontiacum* weiterhin Sitz römischer Verwaltung und Truppen
482–511	Regierungszeit des Frankenkönigs Chlodwig; Mainz Teil des Merowingerreiches
7. Jh.	Besuch des Königs Dagobert I. (629–639) in Mainz
747	Bonifatius Erzbischof von Mainz
Unter Karl d. Gr. (768–814)	zentraler Ort weltlicher Versammlungen und kirchlicher Synoden
847	Hrabanus Maurus Erzbischof von Mainz
In der Zeit der Ottonen (919–1024)	Aufenthaltsort von Königen und Kaisern
10./11. Jh.	blühende Judengemeinde
975–1011	Erzbischof Willigis
ab 975	Neubau eines großen Doms
1024	Krönung Konrads II. durch Erzbischof Aribo von Mainz
1049	Synode in Mainz unter Teilnahme Papst Leos IX. und Kaiser Heinrichs III.
1056–1105/06	Mainz beliebter Aufenthaltsort Kaiser Heinrichs IV.
1076	Fürstentag

1077	Krönung des Gegenkönigs Rudolfs von Rhein-felden
1081	Dombrand
1096	Judenpogrom infolge des ersten Kreuzzuges
1103	Reichstag in Mainz
1105/1106	Absetzung Heinrichs IV. und Krönung Heinrichs V. in Mainz
1119/22	Privileg Bischof Adalberts I. für die Stadt
1160	Ermordung des Erzbischofs Arnold – Exkommu-nikation der Stadt

Mehrere Reichstage in Mainz unter Heinrich VI. (1169–1197)

1183–1200	2. Pontifikat Erzbischof Konrads von Wittelsbach – neue Stadtmauer
1194	König Richard Löwenherz von England wird in Mainz freigelassen
1200	Erzbischof-Doppelwahl und Schisma
1212	Krönung Friedrichs II. in Mainz
1225	Nationalkonzil in Mainz
1235	Friedrich II. beim Reichstag in Mainz
1244	Stadtprivileg Erzbischof Siegfrieds III.
1244–1462	Mainz „Freie Stadt des Reiches" – Große Rolle der Patrizier
1246 u. 1247	Erhebung der Gegenkönige Heinrich Raspe und Wilhelm von Holland durch Erzbischof Siegfried III. von Mainz
1253	Bau der Minoritenkirche
1254	Mainz Vorort des „Rheinischen Bundes"
1274–1314	Bau der Dominikanerkirche
1277	Rathaus zum ersten Mal erwähnt
1285	Verleihung gerichtlicher Privilegien durch König Rudolf I.
1298	Absetzung König Adolfs im Mainzer Dom
um 1300	etwa 20 000 Einwohner
1328	Schisma mit zwei Erzbischöfen
1347 u. 1364	schwere Pestepidemien
1349	Pogrom, Vernichtung der meisten Juden der Stadt
1400	Geburt Johannes Gutenbergs
1411 u. 1413	Konflikt zwischen Patriziern und Zünften
1435	„Pfaffenrachtung"
1437 u. 1444	Bankrott der Stadt
gegen 1450	Erfindung des Buchdrucks mit beweglichen Lettern durch Johannes Gutenberg in Mainz
1459–1463	Mainzer Stiftsfehde
1461	Adolf von Nassau siegreich – Verlust der Stadt-freiheit

1462	Mainz wieder landsässige Haupt- und Residenzstadt
1468/69	neue Ordnung für die Zünfte, nun Bruderschaften genannt
1477	Gründung der Universität durch Erzbischof Diether von Isenburg
1478–1481	Errichtung der Martinsburg
Anfang 16. Jh.	Mainz Zentrum des Humanismus
1514–1545	Albrecht von Brandenburg Kurfürst
nach 1517	Ausbreitung der Lehre Luthers in der Stadt
1523	Maßnahmen Kurfürst Albrechts gegen die Lutheraner
1525	Auftrieb der reformatorischen Bewegung in der Stadt durch Bauernkrieg
1525	Aktion des Domkapitels gegen die neue Lehre
1540	Bildung eines katholischen Mainzer Reformkreises
1542/43	der erste Jesuitenpater Peter Faber in Mainz
1552	Besetzung der Stadt durch Markgraf Albrecht Alcibiades von Bayreuth-Kulmbach
1552	Zerstörung geistlicher Häuser, Plünderungen und evangelischer Kult im Dom
1561	Niederlassung der Jesuiten in Mainz
1568	Gründung des Jesuitenkollegs
1601–1604	endgültige Durchsetzung der Gegenreformation
1609	Beitritt des Kurfürstentums zur katholischen Liga
1615–1618	Errichtung des „Domus Universitatis"
1618–1638	Bedrohung der Stadt im Dreißigjährigen Krieg
1623/24	Ausbruch schlimmer Seuchen
1631	23. Dezember: Kapitulation der Stadt vor den Schweden, hohe Zahlungen – 24. Dezember: Einzug Gustav Adolfs in Mainz
1632	Mainz Sitz einer neuen evangelischen Verwaltung
1632–1635	drückende schwedische Besatzung, ev. Gottesdienste in St. Quintin und Jesuitenkirche
1635	Dezember: Übergabe der Stadt an die Kaiserlichen
1647	Wahl Johann Philipp von Schönborn zum Kurfürsten
1650	Ende der Besetzung von Mainz
1662	Errichtung des Ghettos
1647–1673	Mainz wichtiges Zentrum des kath. Deutschlands
1695–1729	Umwandlung zu einer prächtigen Barockstadt unter Kurfürst Lothar Franz von Schönborn
1750	ca. 25 000 Einwohner

1775	Einführung der Schulpflicht für Jungen, 1780 für Mädchen
1784	große Überschwemmung – Ausbau und Reform der Universität und kulturelle Blüte
1786	Armenreform
1792	Juli: Fürstenkongress mit Kaiser Franz II. in Mainz – 21. Oktober: Übergabe der Stadt an die französischen Truppen, Besatzung
1792/93	Mainzer Republik
1793	23. Juli: Eroberung durch die Preußen
1793–1797	als Reichsfestung im Mittelpunkt des Ersten Koalitionskrieges
1797	Übergabe an die Franzosen
1798	Eingliederung in die Französische Republik und Hauptstadt des Départements Donnersberg (Mont-Tonnerre) – Ende des Mainzer Erzbistums und Schließung der Universität – St. Peterskirche Dekadentempel
1800	Franz Konrad Macké Maire (Bürgermeister) von Mainz
1802	Joseph Ludwig Colmar Bischof von Mainz mit völlig neu zugeschnittener Diözese
1804–1814/15	Napoleon I. Kaiser der Franzosen; Mainz östlichste Festung und Stadt Frankreichs und „Bonne Ville" des Kaisers
1816	von preußischen und österreichischen Truppen besetzte Bundesfestung und Provinzhauptstadt in Hessen-Darmstadt
1840	erste Eisenbahn von Mainz nach Wiesbaden
1848	Unruhen; erste politische Vereine
1849	ca. 34 800 Einwohner
1850–1877	Wilhelm Emmanuel Freiherr von Ketteler Bischof
1884	Vollendung des Hauptbahnhofs
1885	Eröffnung der Straßenbrücke
1907–1913	Eingemeindung von Mombach, Kastel, Amöneburg und Kostheim – Mainz Großstadt
1917	Hungersnot
1918	Mainz Teil des „Volksstaates Hessen" – fünfte französische Besatzung
1923	Scheitern der Separatistenbewegung
1930	Abzug der Franzosen und Eingemeindung von Gustavsburg, Bischofsheim, Ginsheim, Bretzenheim und Weisenau
1931	NSDAP stärkste Kraft in der Stadt
1933	NSDAP mit 34,4% weit unter Reichsdurchschnitt – 7. März: Gleichschaltung der Stadt

1939	Einwohnerzahl bei 158 303
1944/45	verheerende Luftangriffe, 80% der Innenstadt zerstört
1945	22. März: Einmarsch der Amerikaner – Einwohnerzahl nur noch 76 000 – Emil Kraus Oberbürgermeister
1946	„Wiedereröffnung" der „Johannes-Gutenberg-Universität" – Mainz zur zukünftigen Hauptstadt von „Rheinland-Pfalz" erklärt
1949	Franz Stein (SPD) Oberbürgermeister
1950/51	Stadt wird durch Übersiedlung der Ministerien und des Landtages von Koblenz nach Mainz wirkliche Hauptstadt
1962	2000-Jahrfeier – Motivationsschub
1963	Gründung des ZDF
Seit den frühen 60er-Jahren	„Mainzer Modell" (Zusammenarbeit von CDU, SPD und FDP)
1964	Félix Kir, Bürgermeister der Partnerstadt Dijon, wird Ehrenbürger
1965	149 387 Einwohner
1965	Jockel Fuchs (SPD) Oberbürgermeister
1969	Eingemeindung von Laubenheim, Hechtsheim, Ebersheim, Marienborn, Drais und Finthen – dadurch Verdoppelung des Stadtgebiets
1973	Eröffnung des Rathauses
1977	500-Jahrfeier der Universität – Besuch vom frz. Staatspräsidenten Valery Giscard d'Estaing
1978–85	Chagallfenster in St. Stephan
1980	Papst Johannes Paul II. in Mainz als erstes Oberhaupt der katholischen Kirche seit 1049 (Leo IX.)
1987	Herman-Hartmut Weyel Oberbürgermeister
1990	Umwandlung des Stadttheaters zum Staatstheater – 183 898 Einwohner – Katholiken zum ersten Mal mit 48,2% unter 50% und die Protestanten das erste Mal unter 30% der Mainzer
1991	Abzug von US-Truppen
1997	Jens Beutel (SPD) Oberbürgermeister
1998	93. Deutscher Katholikentag in Mainz
2000	Feier des 600. Geburtstags von Johannes Gutenberg
2004	Einwohnerzahl bei 184 502, davon 31 380 (17%) Ausländer – November 2004 Wiederwahl von Jens Beutel
2005	Besuch von US-Präsident George W. Bush
2010	Einweihung der neuen Synagoge

Liste der geistlichen Oberhirten und Kurfürsten der Stadt

Von den von 343 bis 744 amtierenden Bischöfen – Mar(t)inus bis Gewiliob – sind die Daten ungesichert.

Erzbischöfe von 747–1803 (ab 1198 gleichzeitig Kurfürsten)

747–754	Bonifatius
754–786	Lullus
787–813	Richulf
813–826	Haistulf
826–847	Otgar
847–856	Hrabanus Maurus
856–863	Karl von Aquitanien
863–889	Luitbert
889–891	Sunderold
891–913	Hatto I.
913–927	Heriger
927–937	Hildebert
937–954	Friedrich
954–968	Wilhelm
968–970	Hatto II.
970–975	Rupert
975–1011	Willigis
1011–1021	Erkenbald
1021–1031	Aribo
1031–1051	Bardo
1051–1059	Luitpold
1060–1084	Siegfried I. von Eppstein
1084–1088	Wezilo
1089–1109	Ruthard
1109/11–1137	Adalbert I. von Saarbrücken
1138–1141	Adalbert II. von Saarbrücken
1141–1142	Markolf
1142–1153	Heinrich I.
1153–1160	Arnold von Selenhofen
1160–1165 (1200)	Konrad von Wittelsbach
1165–1183	Christian I. von Buch
1183–1200	Konrad I. von Wittelsbach
1200–1208	Lupold von Schönfeld
1200/08–1230	Siegfried II. von Eppstein
1230–1249	Siegfried III. von Eppstein
1249–1251	Christian II. von Weisenau
1251–1259	Gerhard I. Wildgraf von Dhaun
1259–1284	Werner von Eppstein
1286–1288	Heinrich II.

1289–1305	Gerhard II. von Eppstein
1306–1320	Peter von Aspelt
1321–1328	Matthias von Buchegg
1328–1337	Balduin von Luxemburg
1338–1346	Heinrich von Virneburg
1346–1371	Gerlach von Nassau
1371–1373	Johann I. von Ligny
1373–1381	Ludwig von Meißen
1373/81–1390	Adolf I. von Nassau
1390–1396	Konrad II. von Weinsberg
1396–1397	Gottfried von Leiningen
1397–1419	Johann II. von Nassau
1419–1434	Konrad III., Rheingraf
1434–1459	Dietrich von Erbach
1459–1461	Diether von Isenburg
1461–1475	Adolf II. von Nassau
1475–1482	Diether von Isenburg
1482–1484	Adalbert III. von Sachsen
1484–1504	Berthold von Henneberg
1505–1508	Jakob von Liebenstein
1508–1514	Uriel von Gemmingen
1514–1545	Albrecht von Brandenburg
1545–1555	Sebastian von Heusenstamm
1555–1582	Daniel Brendel von Homburg
1582–1601	Wolfgang von Dalberg
1601–1604	Johann Adam von Bicken
1604–1626	Johann Schweikhard von Cronberg
1626–1629	Georg Friedrich von Greiffenklau
1629–1647	Anselm Casimir Wamboldt von Umstadt
1647–1673	Johann Philipp von Schönborn
1673–1675	Lothar Friedrich von Metternich-Burscheid
1675–1678	Damian Hartard von der Leyen
1679	Karl Heinrich von Metternich-Winneburg
1679–1695	Anselm Franz von Ingelheim
1695–1729	Lothar Franz von Schönborn
1729–1732	Franz Ludwig von Pfalz-Neuburg
1732–1743	Philipp Karl von Eltz
1743–1763	Johann Friedrich Karl von Ostein
1763–1774	Emmerich Joseph von Breidbach-Bürresheim
1774–1802	Friedrich Karl Joseph von Erthal
1802–1803	Karl Theodor von Dalberg

Bischöfe seit 1802 (in Auswahl)

1802–1818	Joseph Ludwig Colmar
1830–1833	Joseph Vitus Burg
1835–1848	Petrus Leopold Kaiser

1850–1877	Wilhelm Emmanuel von Ketteler
1886–1899	Paulus Leopold Haffner
1904–1921	Georg Heinrich Kirstein
1921–1935	Ludwig Maria Hugo
1935–1961	Albert Stohr
1962–1983	Hermann Volk, seit 1973 Kardinal
seit 1983	Karl Lehmann, 1987–2008 Vorsitzender der Deutschen Bischofskonferenz, seit 2001 Kardinal

Liste der (Ober-)Bürgermeister von Mainz ab 1798

1798/1799	Adam Umpfenbach
1799/1800	Balthasar Pietsch
1800–1814	Franz Konrad Macké
1814–1831	Franz Gedult von Jungenfeld
1831–1834	Franz Konrad Macké
1834–1836	Stephan Metz
1837–1838	Johann Baptist Heinrich
1839–1841	Stephan Metz
1842–1860	Nikolaus Nack
1861–1864	Karl Schmitz
1865–1871	Franz Schott
1871–1872	Karl Racké
1872–1877	Karl Wallau
1877–1885	Konrad Alexis Dumont
1885–1894	Georg Oechsner
1894–1905	Heinrich Gaßner
1905–1919	Karl Göttelmann
1919–1931	Karl Külb
1931–1933	Wilhelm Ehrhard
1934–1942	Robert Barth
1942–1945	Heinrich Ritter
1945	Rudolph Walter
1945–1949	Emil Kraus
1949–1965	Franz Stein
1965–1987	Jockel Fuchs
1987–1997	Herman-Hartmut Weyel
seit 1997	Jens Beutel

Literatur (Auswahl)

Fritz ARENS, Das goldene Mainz. Ein Führer zu seinen Kunstdenkmälern, Schwäbisch Hall ²1969.

Timothy C. W. BLANNING, Reform und Revolution in Mainz 1743–1803, Cambridge 1974.

Anton Ph. BRÜCK, Mainz vom Verlust der Stadtfreiheit bis zum Ende des Dreißigjährigen Krieges (1461–1648), Düsseldorf 1972 (Gesch. d. Stadt Mainz, Bd. 5).

Elisabeth DARAPSKY, Mainz. Die kurfürstliche Residenzstadt 1648–1792, Mainz 1995.

Dieter DEMANDT, Stadtherrschaft und Stadtfreiheit im Spannungsfeld von Geistlichkeit und Bürgerschaft (11.–15. Jh.), Wiesbaden 1977 (Gesch. Landeskunde, Bd. 15).

Mechthild DREYER u. Jörg ROGGE (Hg.), Mainz im Mittelalter, Mainz 2009.

Franz DUMONT, Die Mainzer Republik von 1792/93. Studien zur Revolutionierung in Rheinhessen und der Pfalz, Alzey ²1993.

Franz DUMONT/Ferdinand SCHERF/Friedrich SCHÜTZ (Hg.), Mainz. Die Geschichte der Stadt. Mainz 1998.

Ludwig FALCK/Wilhelm JUNG, Mainz, Geschichte und Stadtbauentwicklung, Köln ⁵1986 (Rhein. Kunststätten, Bd. 72).

Ludwig FALCK, Mainz im frühen und hohen Mittelalter (Mitte 5. Jahrhundert bis 1224), Düsseldorf 1972 (Gesch. d. Stadt Mainz, Bd. 2).

Ludwig FALCK, Mainz in seiner Blütezeit als freie Stadt (1244–1328), Düsseldorf 1973 (Gesch. d. Stadt Mainz, Bd. 3).

Ludwig FALCK, Mainzer Regesten 1200–1250 zur Geschichte der Stadt, ihrer geistlichen und weltlichen Institutionen und Bewohner, Mainz 2008 (Beiträge zur Stadt Mainz, 35/1–2).

Franz J. FELTEN (Hg.), Mainzer Erzbischöfe in ihrer Zeit, Stuttgart 2008 (Mainzer Vorträge, Bd. 12).

Peter Claus HARTMANN (Hg.), Der Mainzer Kurfürst als Reichserzkanzler. Funktion, Aktivitäten, Ansprüche und Bedeutung des zweiten Mannes im Alten Reich, Stuttgart 1997 (Gesch. Landeskunde, Bd. 45).

Peter Claus HARTMANN (Hg.), Kurmainz, das Reichserzkanzleramt und das Reich am Ende des Mittelalters und im 16. und 17. Jahrhundert, Stuttgart 1998 (Geschichtliche Landeskunde, Bd. 47).

Peter Claus HARTMANN (Hg.), Reichskirche – Mainzer Kurstaat – Reichserzkanzler, Frankfurt a. M. (u. a.) 2001 (Mzer. St. z. N. Gesch., Bd. 6).

Peter Claus HARTMANN (Hg.), Die Mainzer Kurfürsten aus dem Hause Schönborn als Reichserzkanzler und Landesherren, Frankfurt a. M. (u. a.) 2002 (Mzer St. z. N. Gesch., Bd. 10).

Beate HARTMANN-JUST, Eustache St. Far. Leben und Karriere eines

„Ingénieur en chef" unter Napoleon, in: Mz Zts. 79/80 (1984/85), S. 169–186.

Rita Heuser, Namen der Mainzer Straßen und Örtlichkeiten. Sammlung, Deutung, sprach- und motivgeschichtliche Auswertung, Stuttgart 2008 (Geschichtliche Landeskunde, Bd. 66).

Hans Jacobi, Mogontiacum. Das römische Mainz, Mainz 1996.

Christoph Jamme/Otto Pöggeler (Hg.), Mainz – „Centralort des Reiches". Politik, Literatur und Philosophie im Umbruch der Revolutionszeit, Stuttgart 1986 (Dt. Idealismus, Bd. 11).

Friedhelm Jürgensmeier (Hg.), Handbuch der Mainzer Kirchengeschichte, 3 Bde., Würzburg 1997–2002.

Leo, Just/ Helmut Mathy, Die alte Universität Mainz von 1477 bis 1798, Wiesbaden 1957 (Beitr. z. Gesch. d. Univ. Mainz, Bd. 4).

Michael Kißener/ Helmut Mathy (Hg.), Ut omnes unum sint (Teil 1). Gründungspersönlichkeiten der Johannes Gutenberg-Universität, Stuttgart 2005 (Beitr. z. Gesch. d. Joh. Gutenberg-Univ. Mz, NF, Bd. 2).

Heinz Leitermann, Zweitausend Jahre Mainz. Bilder aus der Mainzer Geschichte, Mainz 1962.

Helmut Mathy, Die erste Landesuniversität von Rheinland-Pfalz. Studien zur Entstehungsgeschichte der Johannes Gutenberg-Universität, Mainz 1997 (Schr. d. Joh. Gutenberg-Univ. Mainz, Bd. 8).

S. Paas/S. Mertens (Hg.), Beutekunst unter Napoleon. Die französische Schenkung an Mainz 1803, Mainz 2003.

Walter G. Rödel, Mainz und seine Bevölkerung im 17. und 18. Jahrhundert, Demographische Entwicklung, Lebensverhältnisse und soziale Strukturen in einer geistlichen Residenzstadt, Wiesbaden 1985 (Geschl. Landeskunde, 28).

Karl Anton Schaab, Geschichte der Stadt Mainz, 2 Bde., Mainz 1841–1844.

Regina E. Schwerdtfeger (Bearb.), Kirche auf dem Weg. Das Bistum Mainz, 5 Bde., Straßburg 1991–1995.

Herrmann Weber (Hg.), Aufklärung in Mainz, Wiesbaden 1984 (Schr. d. Mzer Philosoph. Fakultätsgesellsch., Bd. 9).

Register

Ortsregister (allgemein)

Ortsregister (Mainz)

Personen

Internetadressen

Offizielle Homepage der Stadt:
www.mainz.de
Hier finden Sie u.a. zahlreiche Hinweise auf Bildungseinrichtungen,
Museen, Theater etc.

www.stadtarchiv.mainz.de
www.uni-mainz.de (Johannes Gutenberg-Universität)
www.fh.-mainz.de (Fachhochschule Mainz)
www.adwmainz.de (Akademie der Wissenschaften und der Literatur)
www.ita-mainz.de (Akademie Mainz)
www.rgzm.de (Römisch-Germanisches Zentralmuseum)
www.stadtmuseum-mainz.de
www.gutenberg.de (Alle Infos zu Johannes Gutenberg)
www.gutenberg.de/museum.htm (Gutenberg-Museum)
www.mainzer-fastnacht.de (Alle Infos zum Mainzer Karneval)